主　编　徐耀新　　副主编　刘谨胜

精彩江苏 | Wonderful Jiangsu |
历史文化名城名镇名村系列

淳溪镇

江苏人民出版社

图书在版编目（CIP）数据

历史文化名城名镇名村系列.淳溪镇/徐耀新主编
.--南京：江苏人民出版社，2017.12
（"精彩江苏"丛书）
ISBN 978-7-214-21602-1

Ⅰ.①历… Ⅱ.①徐… Ⅲ.①乡镇－介绍－南京
Ⅳ.①K925.3

中国版本图书馆CIP数据核字（2017）第306745号

书　　　　名	历史文化名城名镇名村系列·淳溪镇
主　　　编	徐耀新
策 划 编 辑	戴宁宁
责 任 编 辑	金书羽
装 帧 设 计	刘萃萃
出 版 发 行	江苏人民出版社
出版社地址	南京市湖南路1号A楼，邮编：210009
出版社网址	http://www.jspph.com
照　　　排	江苏凤凰制版有限公司
印　　　刷	江苏凤凰新华印务有限公司
开　　　本	889毫米×1 194毫米　1/32
印　　　张	4.5　插页　2
字　　　数	70千字
版　　　次	2018年8月第1版　2018年8月第1次印刷
标 准 书 号	ISBN 978-7-214-21602-1
定　　　价	42.00元

（江苏人民出版社图书凡印装错误可向承印厂调换）

"精彩江苏"丛书总编委会

总编委会主任：徐耀新

总编委会副主任：方标军

总编委会委员：徐耀新　吴晓林　裴　旭
　　　　　　　龚　良　方标军　刘爱华
　　　　　　　马　宁　徐小跃　周京新
　　　　　　　刘谨胜　嵇亚林　韩显红
　　　　　　　徐循华　孙　虎　刁仁昌
　　　　　　　杨福良　高成富　荣凯元
　　　　　　　李　杰　徐国祥　田　明
　　　　　　　张冲林　季德荣　季培均
　　　　　　　周文娟　钱建网　武　倩

"历史文化名城名镇名村系列"编委会

主　任：徐耀新
副主任：刘谨胜
委　员：姚文中　李虎仁　张　超　颜一平　宗　翡
　　　　韩　峰　周晓东　尹占群　王倚海　李　倩
　　　　孙为祥　华德荣　张志耕　黄正良

"历史文化名城名镇名村系列"编辑部

成　员：管世俊　盛志伟　楚小庆　陈朋光　管若松
　　　　陈建国　宋长善　李亦墨　马晓平　樊媛媛
　　　　王　蔚　樊继健　陈超然

本书撰稿：葛鹏云

"精彩江苏"丛书总序

江苏省省长　吴政隆

中华文化源远流长,在5000多年文明发展中孕育的优秀传统文化,在党和人民伟大斗争中孕育的革命文化和社会主义先进文化,积淀着中华民族最深层的精神追求,代表着中华民族独特的精神标识。

江苏是中华文明的重要发祥地之一,在这片美丽富饶的土地上,黄河文明和长江文明交汇融合,自然景观与人文景观交相辉映,孕育了具有鲜明特色的地域文化。无论是诸多自然景观还是各类古迹遗存,都散发着浓郁的文化气息，承载着厚重的文化记忆。纵观楚汉文化、吴文化、金陵文化、淮扬文化以及京口文化、江海文化、海盐文化，无一不因精彩而得以世代传承，无一不是我们讲好江苏故事的生动素材。

江苏多出文化精品。在悠久的历史文化长河中，创造了南京云锦、宜兴紫砂、扬州漆器、苏州刺绣、惠山泥人、江南丝竹等享誉海内外的艺术精品和精湛技艺。源于江苏的中国最古老剧种——昆曲，已有600多年历史，集诗、乐、歌、舞、戏之美于一身，被誉为"百戏之祖"。目前，我省共有10个项目入选联合国教科文组织人类非物质文化遗产代表作名录，146个项目入选国家级非物质文化遗产名录，这些都是人类文化的共同财富。

江苏多产文化名家。历史上名人辈出、名篇纷呈，孙武的《孙子兵法》、枚乘的《七发》、刘义庆的《世说新语》、刘勰的《文心雕龙》、施耐庵的《水浒传》、吴承恩的《西游记》、冯梦龙的"三言"、曹雪芹的《红楼梦》、刘鹗的《老残游记》等众多鸿篇巨著均在中华文化典藏中熠熠生辉，吴门画派、金陵画派、扬州画派及上世纪60年代形成的新金陵画派各呈风神，顾恺之、张旭、沈周、龚贤、郑板桥等古代书画家，以及徐悲鸿、刘海粟、陈之佛、李可染、傅抱石、林散之等现当代书画家均享誉世界。

江苏多有文化遗存。拥有世界文化遗产3处、全国重点文物保护单位226处、各级各类博物馆292家，不可移动文物超过2万处，国有可移动文物近百万件（套）。拥有国家历史文化名城13座，大运河江苏段是沿线文化遗产最密集、类型最丰富的河段。江苏还有着丰富的红色文化资源，很多革命先辈在这里留下战斗的足迹，形成了雨花英烈精神、铁军精神等具有江苏特色的红色文化品牌。

党的十九大报告指出，文化兴国运兴，文化强民族强。没有高度的文化自信，没有文化的繁荣兴盛，就没有中华民族伟大复兴。江苏优秀传统文化是我们世代传承的文化根脉、文化基因，不仅铸就了历史的辉煌，而且在今天仍然闪耀着时代的光芒，是我们坚定文化自信的深厚基础。我们要以习近平新时代中国特色社会主义思想为指引，深入挖掘优秀传统文化蕴含的思想观念、人文精神、道德规范，进一步坚定文化自信，推动社会主义文化繁荣兴盛。

省文化厅组织编写"精彩江苏"丛书，内容涵盖历史文化名城名镇名村、地方戏曲、书画艺术、红色文化等多个方面，是江苏优秀传统文化的集中展示，也是延展千年文脉、推动文化建设、凝聚精神力量的创新实践。希望"精彩江苏"丛书高水平讲好江苏故事，让小小"口袋书"发挥大作用，让一代一代江苏人更好地品味缕缕书香、延续文化记忆，让江苏的历史遗存和传统文化在新时代绽放新的精彩，为书写新时代中国特色社会主义伟大事业江苏新篇章提供强大精神动力和文化支撑。

留住"乡愁"
——"历史文化名城名镇名村系列"序

徐耀新

"举头望明月,低头思故乡";"露从今夜白,月是故乡明"。李、杜的这两句千古名诗,表达了中国人的乡愁情结。乡愁是对故乡永远的思念和情愫,是割不断的文化记忆。习近平总书记在2013年中央城镇化工作会议上指出,要让人"望得见山、看得见水、记得住乡愁",这一重要论述指明了在城镇化历史巨变中要努力留住"乡愁"的方向。历史文化名城名镇名村承载着厚重的历史记忆,传承着丰富的文化传统,彰显着浓郁的地域文化,是"乡愁"的重要载体。

作为华夏长江文化的发祥地之一,江苏孕育并保存了一批特色鲜明、底蕴深厚的历史文化名城名镇名村，它们的历史和特征可概括为如下几点：

数量领先。江苏现有50个国家级历史文化名城名镇名村，总量位居全国各省（区、市）前列。2016年，高邮市被国务院列为国家历史文化名城，成为我省第13个、全国第130个国家历史文化名城，江苏数量位居全国第一。目前，全省拥有中国历史文化名镇27个，中国历史文化名村10个，有省级历史文化名城4个、名镇13个、名村8个。

文化多元。从地域上来看，江苏历史文化总体上南秀北雄、吴楚分明，使江苏历史文化名城名镇名村呈现出文化的多样性。例如：国家历史文化名城苏州是吴文化的中心城市，其文化特质是上善若水、柔中蓄劲、人巧天工，赋予了中华儿女"杏花春雨江南"的家园情怀；国家历史文化名城徐州是楚汉文化的中心城市，其文化特质则迥异于苏州，表现为刚强雄浑、尚武崇文、勇于竞争。

风貌各异。江苏境内山水平原交错，河流湖泊纵横，临水建城，倚山建乡，数千年的文化积淀形成了独特的古城古镇古村风貌。"君到姑苏见，人家尽枕河。古宫闲地少，水港小桥多。"苏州至今仍保留着"水陆并行、河街相邻"的格局风貌。"尽道隋亡为此河，至今千里赖通波"，京杭大运河流经我省8座国家历史文化名城、19座中国历史文化名镇、7座中国历史文化名村,沿线人口稠密、城镇密集、经济繁荣、文化昌盛,有着独特的自然人文景观。苏州的古典园林、镇江的宋元古街、扬州的明清老巷、泰州的明清民居等令人驻足,留连忘返。

类型多样。江苏的历史文化名城大致可分为五种类型:古都型(南京)、传统风貌型(苏州)、风景名胜型(无锡、扬州、镇江、常熟)、一般史迹型(徐州、常州)、近代史迹型(南通)、特殊职能型(淮安、泰州、宜兴、高邮);名镇名村也可分为五种类型:乡土民俗型(周庄、淳溪等)、传统文化型(溱潼、凤凰等)、革命历史型(黄桥、沙家浜等)、商贸交通型(孟河、礼社等)、名人故里型(陆巷等)。

保护好江苏历史文化名城名镇名村的特色,延续好江苏历史文化名城名镇名村的传统格局和历史风貌,就能为我们的家园情怀留下栖息之所。只有留住"乡愁",才能"记得住乡愁"。江苏省第十三次党代会把推进新型城镇化和城乡发展一体化作为经济转型升级的重要内容,明确要求大力保护历史文化名城名镇名村。保护和利用好江苏历史文化名城名镇名村,最重要的是传承历史文化、保持自身特色,防止千城一面、千篇一律,杜绝盲目破坏性开发建设。要加强历史文化名城名镇名村传统文化的挖掘和整理,提炼传统文化符号;尊重历史文化名城名镇名村中人与环境、人与自然和谐相处的生产生活方式;充分发掘传统艺术、传统民俗、人文典故、地域风情等非物质文化资源,彰显城乡传统建筑、城镇历史街区和乡村农耕水利、生态环境的独特魅力。

编撰"精彩江苏"丛书之"历史文化名城名镇名村系列",是提炼江苏历史文化符号的切实举措,是创新开展江苏历史文化资源研究的具体实践,对于充分展示江苏地方特色文化、打造"精彩江苏"文化品牌具有重要意义。本系列共50本,涵盖我省50座国家级历史文化名城名镇名村,兼具文学性与史学性,展现了江苏历史演变中岁月累积的文化智慧与古物风貌,彰显了江苏人民的文化自信与自觉。丛书采用"口袋本"的形式,深入浅出,图文并茂,装帧精美,便携易读。

期待通过丛书的传播与利用,进一步宣传好、保护好、开发好江苏历史文化名城名镇名村,激发江苏人民群众爱国爱乡情怀,让江苏优秀传统文化永续传承、焕发新春!

2017年秋于南京

(本序作者系江苏省文化厅党组书记、厅长,博士、教授)

目 录

引　言 / 001

第一章　因水而兴的淳溪古镇 / 001
　第一节　地名由来 / 002
　第二节　建置沿革 / 005

第二章　滨水依山的江南圣地 / 010
　第一节　淳溪古景 / 011
　第二节　遗址古迹 / 019
　第三节　非遗精粹 / 052

第三章　崇教厚德的文化名人 / 067
　第一节　历代先贤 / 067
　第二节　侨寓名人 / 087

第四章　吴风楚韵的乡土文化 / 092

　第一节　民俗风情 / 093

　第二节　地产风物 / 102

第五章　画意诗情的人文之城 / 111

　第一节　湖滨生态风光带 / 112

　第二节　民俗风情展示街 / 115

　第三节　水文化主题游览 / 118

参考书目 / 125

后　记 / 127

引 言

淳溪古镇,位于中国首个"国际慢城"——南京市高淳区的中心偏西部,南临固城湖,北倚石臼湖,距南京禄口国际机场仅56公里,芜太高速公路直达境内,水路西进黄金水道长江,东达太湖苏南水网,是沟通苏南、皖南的经济走廊。

淳溪山水钟灵毓秀,素有"江南圣地"之美誉。淳溪之美,美在碧波荡漾的三湖之滨,石臼湖、固城湖有"日出斗金、日落斗银"之美誉;6000多年前源远流长的以薛城遗址为代表的独特地域古文化、固城湖滨发现的东汉校官之碑,造就了卓然灵秀的地方文化;淳溪老街被著名社会学家费孝通誉为"金陵第一古街",保圣寺塔有高淳"四宝之首"之称,打造了文旅融合发展的文化品牌;灿烂夺目的文化源泉,成就"耕读传家"的地方宗族,培养了明末第一布衣诗人邢昉等文化名人;薛城邢氏花台会、杨家抬龙舞等乡间活动兴盛不衰,羽毛扇等民间工艺绚丽多姿,构成了吴风楚韵的村俗文化。

淳溪,生态环境优美,文化底蕴深厚,是国家级生态示范区、中国历史文化名镇、江苏百家名镇,高淳老街是国家4A级旅游景区,中国历史文化名街。

淳溪镇

第一章
因水而兴的淳溪古镇

淳溪古时地处古丹阳湖之滨,为丹阳、石臼、固城三湖环绕。特殊的地理环境使得淳溪的历史被深深地打上了"水"的烙印。淳溪历史源远流长,远古时期,就有古人类在今固城湖和石臼湖之间的

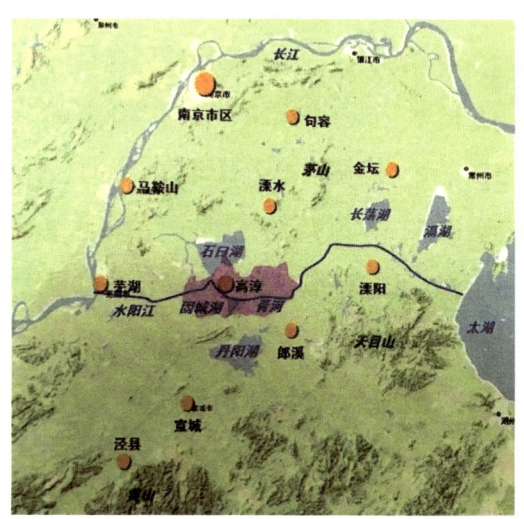

图1 淳溪区位图

| 精彩江苏 | 历史文化名城名镇名村系列

图2　高淳区委区政府

区域活动。1997年对薛城遗址的考古发掘表明，早在6300多年前，逐水而居的高淳先民就已在石臼湖南岸的淳溪薛城村繁衍生息，形成村落，过着渔猎、农耕生活。千百年来，淳溪的城镇建设、发展与变迁，基本上是与水抗争、与水共生的发展史。

第一节　地名由来

淳溪镇原名高淳镇，据《景定建康志》记载，宋时已有镇名。至明孝宗弘治四年（1491），高淳县从溧水县析置，县治高淳镇，以镇名县。后为避免县、镇名称混淆起见,就以本镇的一条小溪——淳溪为镇名。

作为小溪之名的"淳溪"最早见于南宋,明《嘉靖高淳县志》载,高淳城池"西南瞰淳溪河,藉以为壕"。淳溪镇作为地名最早见载于光绪七年(1881)杨福鼎所修的《高淳县志》:"(应天)府丞冀绮相度地势,立县署于淳溪镇。"可见,"淳溪"一名虽然在明嘉靖年间已经出现,但只是河流名称,作为镇名出现可能要到晚清时期。

淳溪自古水域四通八达,风光旖旎,物产丰饶。早在唐代,淳溪就有商业萌芽,唐诗中曾有"天外贾客归,云间片帆起"的描述。自宋代起,淳溪镇商铺云集,街巷纵横,商业兴盛,手工业发达,是沟通苏南和皖南的经济走廊。南宋时,郑兴裔在《郑忠肃奏议遗集》之《论宣州设备状》中称:"勘会得宣州,地界吴越之西,西北邻芜湖,直北通姑孰,则以黄池为重镇。间道由高淳镇而通吴会,则以水阳为重镇。"可见,当时淳溪已成为与黄池、水阳齐名的南通吴越的重镇之一。

元时,淳溪镇社会、经济在宋代基础上又有一定的发展,据《至正金陵新志》载,镇内设有专司贸易的高淳市,是元代溧水州境内三市之一,其时又因镇、市商业发达,人口集聚,故设有高淳务以课税,其长官为都监。并设有高淳巡检司,有巡检、镇守千户所千户一员、百户两员,每年由万户府差遣弓

图3 清代高淳县治图

兵,专以巡防捕盗,俨然成为域内一大集镇。

明清时,随着徽商崛起,淳溪成为安徽粮食、茶叶、烟叶、纸张、竹木、桐油和江苏的色布绸缎、日用百货等物资的主要集散地。明万历年间,淳溪镇已是"依湖通商,一市镇耳","买纱络绎向城来,千人坐待城门开"。(图3)

至民国时期,淳溪商业发展进入鼎盛时期,形成了以营销布匹、茶叶、黄烟、日杂品、酒糟糕点、土纸、瓷铁制品、药材等为主的八大行业,时称"八大行"。街上仅私营布店就有八家,主要经销来自芜湖、溧阳、常州等地的苏松色布和来自丹阳、苏州等地的绸缎,总销量每年在4000匹左右,溧水、当涂、宣城等邻县部分乡镇常来淳溪批货;经营火柴、肥皂、纸张、桐油、糖、胶鞋、山货、糕点等生活用品、食品的杂货店、百货店有数十家之多；黄烟店有馥和祥、凤荣昌、豫康永等五家，烟叶来自福建，行销本县及宣、当、溧水等周边地区，每年销量高达25吨；酒由商家开设的糟坊自产自销，张泰和、邢裕顺等四家商店专营酒类，产销堆花、原烧、封缸、药酒五加皮等品种；经营药材的商号有胡同仁、张德生、陈成春、魏长庆等八家，魏长庆还在安徽郎溪开设分号魏长春；药材多来自上海同仁堂、芜湖张恒春等几家大中药店，或派人前往四川等地自行采购，另有三家药房专营西药；专营铜、铁等金属制品和瓷质器皿的瓷铁店有三家；专做茶叶生意的商店有八家。此外，还有八家肉店、三家蛋行、三家鱼行、十多家糕点店、八家木行，甚至出现了专营金银首饰的"和营银楼"。

第二节　建置沿革

在相当于中原的商周时期，高淳地区先后属吴、属越、属楚。周景王四年（前541），吴国在濑水之滨设置濑渚邑。这是高淳，也是南京江南之地最早的行政建置，其邑治一般认为位于今高淳的固城镇。

秦灭六国统一天下后，以楚之平陵邑设置溧阳县，今高淳为其辖地。其建置至两汉、六朝相沿未改，直至隋开皇十一年（591）析溧阳县西境、丹阳湖东境新置溧水县为止。其时的溧阳县，涵括今南京高淳区、溧水区及常州溧阳市三地。当时的溧阳县治至少在两汉时期一直设于今高淳固城镇，城址至今保存比较完整。

固城作为溧阳县治的历史一直延续到六朝早期，是当时溧阳县的行政中心。南宋绍兴十三年（1143），发现于固城湖滨的著名东汉校官之碑（现藏南京博物院）(图4)就是这段历史的关键确证。

图4　校官之碑（复制）

高淳地域虽然具有悠久的历史和灿烂的文化，但其建县却迟缓短暂。直至明孝宗弘治四年（1491），高淳县才从溧水县析置，县治高淳镇，以镇名县。为避免县、镇名称混淆起见，就以本镇的一条小溪——淳溪定为镇名。自此，淳溪一直为高淳的县治地所在。建县之初，县城淳溪镇未有城池之设。嘉靖五年（1526）十二月初四，雪夜，因县署四面土垣岁久倾圮，署内钱库官银被盗，而盗贼一直未能缉获。知县刘启东以其事上报于巡按御史，建议筑城防御以保民众，获准后即召集邑境富户集资建城。

县城西南俯瞰淳溪河，故凭河作为城壕，而在通衢要害之处，辟设七门。各门架楼，楼额题榜门名，东门称"宾阳门"，西门称"留晖门"，南门称"迎薰门"，北门称"拱极门"，东北近县学右侧之门称"通贤门"，东南近东桥之门称"望洋门"，西南近西桥之门称"襟湖门"。然而，此次所筑的县城却是一项未竟之工程，当时县治东北一带为绵延起伏的岗阜，故因地势起筑土城，而其西南低洼之地则未筑墙体，仅以官溪河为壕，以沿河密集的民宅作为屏障。七门中的南门"迎薰门"门址于2000年老街中段的工程施工中被发现并清理，其城墙砖上模印制砖地名、造砖官吏、匠人、窑匠等名。（图5）

民国17年（1928），高淳县撤乡改区，淳溪镇

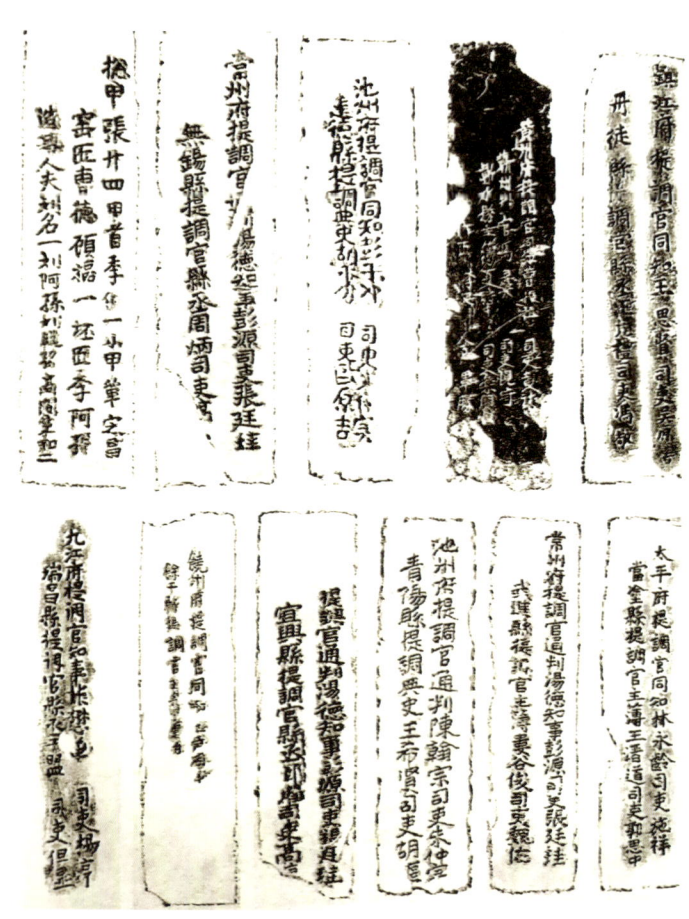

图5　明代城墙砖砖铭拓本

地隶属第一区。民国23年,淳溪镇地分属淳熙、淳化、淳安三镇。民国28年,汪伪政府改设淳东、淳西两镇。据载,民国35年1月前,所辖淳东、淳西两镇人口总计5322人。而至民国37年,全镇有1911户,总人口7278人,有正式商店311家,几乎每6

家人家就拥有一家商店，可见当时商业之繁华。1946年，民国县政府合淳东、淳西为一镇，仍称淳溪镇。

2013年2月，高淳改县设区。2015年7月，根据江苏省政府《关于调整南京市溧水区和高淳区部分行政区划的批复》，淳溪镇以原淳溪镇行政区域设立高淳区淳溪街道办事处。目前淳溪街道办事处面积为82.6平方公里，有人口11.5万人，管理23个居委会、6个村委会。（图6）

图6　淳溪俯视

第二章
滨水依山的江南圣地

  高淳居古丹阳泽之滨，依茅山余脉，拥有"三山两水五分田"的生态黄金比例。胥河开凿后，淳溪成为长江和太湖流域往来贸易的重要枢纽。苏皖各地的商人在此汇聚，建造保存了一批兼具徽派和苏州园林建筑风格的乡土建筑。明清时期，在文人名士中兴起了品评当地名胜的雅事，"高淳八景""双塔十景"应时而生。清康熙年善于作画的西陵王子康为"八景"各作画一幅，图后题跋——"淳虽片壤，而环绕三湖，其东南，林壑深秀，望之蔚然，均足供耽幽济胜者所欣赏"。这足以说明高淳虽地方不大，但山秀水美，景点颇多，足勘玩赏。高淳民间盛传乾隆皇帝下江南时曾巡游高淳，并赞其为"江南圣地"。（图7）

图7　淳溪镇滨湖街景

第一节　淳溪古景

固城烟雨

固城湖在淳溪镇南,亦名小南湖,因固城而得名。湖面原有76平方公里,20世纪70年代经围湖造田,湖面逐渐缩小,现湖面约30平方公里。固城湖风景秀美,水光山色交相辉映。历代文人墨客游览固城湖,留下诸多名篇佳作。其中明代正德年间高淳知县顿锐有礼赞固城湖的诗篇——《固城烟雨》：

> 暗云寒雨晚冥冥，湖上春阴失远灯。
> 浩渺拍堤孤浪白，微茫隔岸数峰青。
> 别船渔火遥堪望，何处鸣榔近渐听。
> 疑是洞庭秋色里，欲将瑶瑟吊湘灵。

诗人描述的正是固城湖美景中最有特色、最为人推崇的蒙蒙烟雨。每当细雨霏霏、烟横湖面，固城湖就显得浩渺一片，湖畔似雪的芦花因为细雨淋湿而无法绽放，夜晚荇菜与荷叶的清香仿佛借着湖面上的渔火幽幽飘来。（图8）

图8　固城湖一隅

官河夜泊

官河，亦名官溪河，南依淳溪镇，自县南而西，环宾阳、望洋、迎薰、襟湖四门，东接固城湖，西经花犇冈，北入石臼湖，全长8.7公里，河面宽40—60米。官溪河优越的地理位置使这里成了来往商船避风和憩息的理想之地。早在宋代,官溪河上商船云集,成为商品集散之地。明清时期,在官溪河西部有历史上著名的"徽商"活跃,东部是全国手工业最发达的太湖地区。东西方的交流,徽州文化与吴文化交融,使淳溪镇变得繁华,众多文人汇集于此,留下无数赞咏此地的诗篇。

十里官河春潮平,夹堤烟柳袤轻盈。
画船系缆黄昏后,醉倚篷窗看月明。

这是明弘治二年(1489)进士,高淳人夏辑笔下的《十里官溪》。官溪河在诗人笔下如梦如幻、意境深远。只见两岸风景优美,沿堤绿杨如烟,烟树之间白墙青瓦的老式民居若隐似现,显得异常清幽沉静。一轮孤独的明月悬挂在冷瑟的夜空,湖面洒满凄清的月光,凫雁在远处的水田上起落飞翔,渔火连着村舍的灯火忽明忽暗,官溪河岸的客船则静静地泊在柳荫下。

淳溪县志上所辑录的顿锐诗曰:

山城钟鼓掩黄昏,又傍官河缆画樯。
远渚月明凫雁下,岸汀风细蓼苹香。
寒生渔火冲潮起,更暗乡愁入夜长。
早发棹歌湖上路,淡烟轻雾听鸣榔。

来淳为官的知县泛舟官溪河上,夜色迷茫,芳草悠悠,更增思乡之情。(图9)

图9　官溪河泊船

石臼渔歌

石臼湖位于淳溪镇北,亦名"北湖",湖面分属南京市高淳、溧水两区和安徽省当涂县,现有面积约200平方公里。石臼湖和丹阳湖、固城湖同

图10　石臼湖一隅

出一脉，原是古丹阳大泽的一部分。大约到了宋代时，由于泥沙不断淤积和大规模的围湖垦田，石臼湖才从丹阳湖里独立出来。其名最早出现在北宋乐史《太平寰宇记》一书中，据载："石臼湖，在溧水县西南三十里，西连丹阳湖，岸广百六十余里，北枕横山，东连禀邱山。"《嘉靖高淳县志》则称，石臼湖在高淳"县西二十里，纵五十余里，横四十余里，西连丹阳湖，中流本县与当涂、溧水三分为界"。石臼湖湖面辽阔，烟波浩渺，资源丰富。（图10）明代诗人夏辑有诗赞曰：

一叶扁舟百里湖，烟波深处想婆娑。
轻风短棹斜阳外，几曲沧浪自在歌。

渔歌即渔民所唱的民歌。石臼湖美丽富饶，四周群山环绕，湖中所产鱼类甚多，银鱼、螃蟹、

图11　石臼湖余晖

野鸭素称"三珍",故有"日出斗金"之美誉。沿湖居民多以捕鱼为生,捕鱼者舟楫往来,日夕则歌声四起,响彻湖滨。情景之妙,莫过于此。明清时期,高淳、溧水两县的黄大源、夏辑、吴斌南、李斯佺等许多诗人都写过石臼湖的渔歌。1983年新评选的《金陵四十景》《石臼渔歌》亦名列其中。(图11)

双塔十景

淳溪镇双塔蓝氏村居周边有十景。道光年间,受县志开列地方名胜风气的影响,《蓝氏家谱》中《蓝氏村居形胜考》一文专对"双塔十景"作了介绍,并赋诗十首,诗前有序交代其景由来。沧海桑田,时过境迁,其中数景或已消失,或已成为传说。

汶溪春涨。即蓝氏村宅前后的两条小溪。每年,湖平浪静,春涨文澜,水贯石臼湖,有诗云:

石臼东南汶上溪,花开桃李自成溪。
九龙高镇浮盈寺,二水中分唐幸畦。
蓝氏源远千古秀,白云流过六桥西。
富春烟雨许谁问,严子滩头重品题。

树里南湖。即固城湖。其景澄光如练,一碧万顷。远山献秀,列翠为屏,春深杨柳,秋淡芙蓉,有诗云:

汶溪村傍南湖筑，风定波平静处深。
水镜远浮千古色，玉壶澄彻一泓清。
花山屏护水晶宅，秋月辉洒桂子金。
遥忆清流何所似，渊含如见地天心。

横岗环翠。即村宅之后之山冈。其景烟云弥望，阡陌纵横。登览缥缈，足启韵思，有诗云：

顾家冈子近何如，迢递云屏蓝氏居。
水墨迷离烟雨活，丹黄点缀暮云舒。
桃花不记古延祐，燕子犹知旧尚书。
水带冈环松桧老，辋川图里画庭除。

保圣晨钟。即保圣寺，蓝氏所居之凤岭村近寺。每日保圣钟声敲动，震醒四方，有诗云：

梵王宫殿月轮倾，傍晚钟声送五更。
敲起八方同觉路，撞开万户杂鸡鸣。
沉沉脉接寻真观，漠漠云飞笼固城。
谁谓曙光无着处，混茫时候一鋗鋐。

东涧桃源。旧指村东的桃花涧。其景平原丰草，竹茂松乔。桃园春晓，东望旭红盈目，宛然桃源洞口景色，有诗云：

东涧桃源别有天，中多逸士拥高眠。
如萍花朵随流水，似浪珠崖泛锦笺。
沃土不知尘俗累，老人那识汉秦年。

只今更羡弦歌侣，每听鸡鸣着早鞭。

唐幸农桑。唐幸系指村西之圩堤。相传唐玄宗南狩曾幸其地，遂名唐幸圩，圩田膏腴甲于乡里，为蓝氏世守之恒产，有诗云：

六龙飞驾税桑田，翠盖紫舆覆绿野。
禽鸟声中呼万岁，鸡犬篱里戴重天。
春省帝泽流今日，封祝氏情自昔年。
记取吾王游豫事，吹齯饮蜡亦恬然。

净寺朝霞。指净行寺。其景旭日晴霞，晓望皆琉璃金碧之光，被誉为"四时登眺之第一胜境"，有诗云：

古寺曾留两教迹，游人时上九龙山。
固城似镜胸前照，花岫如门天外关。
金相年年浑不语，白云片片只常闲。
法轮月耸梵王殿，金碧琉璃载树颜。

文星锁秀。即村旁的文星阁。当固城湖春水溢涨，登阁足以锁秀，有诗云：

绝顶文峰势插天，泮宫盘踞越巍然。
苍茫烟水归胸次，锦绣湖山入座前。
袖里光芒齐斗焕，望中景物与云连。
吾淳多少奇才子，须上层楼得月先。

长虹夜月。即襟湖桥和聚星阁。春秋水涨，波泛如银，倚桥凭临，珠帘隐映，锦帆云集，画舫停桡，有诗云：

何年溪上驾长虹，两岸珠帘映碧空。
月上固湖烟雾散，风摇瓴阁露华瀜。
排霄青路横银汉，浮海仙槎接斗宫。
莫教城楼频击柝，蓬瀛哪怕五更风。

淳西夕照。即村旁淳溪河。野菌铺翠，晚霞成锦，夕阳反照，与波俱杳，有诗云：

晚霞收拾上城楼，滉漾溪山望里周。
台榭不为人东道，夕阳付与水西流。
暮云起处烟光霭，爽气余时落照幽。
此际会须高处坐，晴空眼底直横秋。

第二节　遗址古迹

一、金陵第一

"金陵第一古村落"——薛城遗址

薛城遗址（图12）位于淳溪镇薛城村，为石臼湖南岸的一处岛形台地，现存面积约6万平方米，是南京地区已知面积最大、年代最早的新石器时代文化遗址之一。1997年9月至12月，南京市博物馆考古队对遗址进行了抢救性发掘，发掘面积约120平方米。

图12 薛城遗址远景

该遗址具有丰富的文化内涵，其文化堆积主要分为上下两层。上层为一氏族墓地，时代相当或略早于北阴阳营文化第二期，距今5500—6000年，共发现新石器时代墓葬115座。墓葬分布十分密集，有些上下叠压达三层之多。人骨鉴定结果显示墓地基本上男女分区葬埋，反映了当时特定的社会组织结构和葬俗。遗址下层是一处居址，相当于马家浜文化中晚期，距今6000—6300年，发现的遗迹有

图13 薛城遗址解读牌

房址、灶坑、窖穴等。窖穴有规律地排列在房址周围，形制规整，有的还有台阶，不少底部出土鱼、蚌类遗骸，推测可能用于放养鱼蚌，反映了当时先民以渔业为主的经济生活形态。（图13）

遗址出土的文物丰富而有特色，有陶器（图14）、玉器（图15）、石器（图16）和骨器等类，其中以平底釜、筒形罐、三系钵、彩绘豆等为代表的陶器最为典型，具有十分鲜明的地域特征，与周边的宁镇地区、太湖流域诸新石器时代文化存在较大的差异，是长江下游南岸西段苏浙皖三省交会地带的一种新的文化类型，

图14　薛城遗址出土的彩陶

图15　薛城遗址出土的玉器

图16　薛城遗址出土的磨制石器

已被有关学者命名为"薛城文化类型"。

薛城遗址的发现填补了这一地区史前考古的空白，对构筑这一地区史前文化发展序列，进一步认识宁镇地区和太湖流域诸新石器时代文化有着非常重要的意义。同时，大量保存完好的人类遗骸极为罕见，为研究中国南方史前体质人类学提供了一批宝贵实物资料，因此薛城遗址的考古发掘获"1997年全国十大考古新发现提名荣誉奖"。

薛城遗址是与20世纪50年代发现的南京鼓楼北阴阳营新石器时代遗址相媲美的又一处重要史前聚落遗址，2013年5月被国务院核定公布为第七批全国重点文物保护单位。由于北阴阳营遗址今已不存，薛城遗址堪称"金陵第一古村落"，被誉为镶嵌在历史文化名城南京王冠上的一颗闪亮的宝石。2013年3月，高淳文物部门举办薛城遗址出土文物专题展览，淳溪镇建成占地约50亩的薛城遗址公园并对外开放。

"金陵第一古街"——淳溪老街

淳溪老街又名"高淳老街""一字街"（图17），位于淳溪镇西南。老街是一个纵横相交、完整分布的临河型街区。由中山大街（老街）、河滨街、当铺巷、陈家巷、傅家巷、徐家巷、井巷、王家巷、小巷、江南圣地、官溪路等11条街巷共同组成，以纵贯区内的老街命名，总面积约7.60公顷。

图17 一字街

老街在明清时称作"正义街"。民国改元后,改称"中山大街"。几经改名,仍名"中山大街",不过,当地人习惯称"高淳老街"。明清时期,街全长达1135米,现保留约为505米。老街街面宽3.5米左右,两边用青灰石纵向铺设,中间用胭脂石横向铺设,整齐美观,色调和谐。

高淳老街历史街区分布着成片的、保存完整的明清建筑群。这些古建筑傍水而列,粉墙青瓦、飞檐翘角,配上精美的砖木石雕和传统的书法牌匾,古朴典雅。被中外学者和游客誉为"东方文明之缩影""古建筑的艺术宝库"。1998年,费孝通先生来老街考察,欣然写下了"高淳老街"和"金陵第一古街"两副匾题,高悬于老街入口牌坊。历年来,此街经多次修整,原貌未变,为南京地区仅存的一条明清古街。1992年,老街被列为江苏文物

保护单位；2012年，跻身第四届"中国历史文化名街"。（图18）

图18　费孝通题老街

分布格局　高淳老街在形成之际便为商业街区，因此在平面布局上体现了聚财的思想。其平面形状近似于钱兜状，寓示将财富聚入兜中。在11条街巷中，老街、河滨街、当铺巷和官溪路是基本平行于官溪河的街巷，也是较为主要的街道；而陈家巷、傅家巷等其他6条小巷，都基本垂直于官溪河分布，与四条主干道相互交错，将整个街区划分为15个小区域。在每个小区内，房屋布局大体纵向以五进延伸，横向也以五组排成，五五之间，即为宽1.4—2.2米的纵深小巷。

建筑特点　老街的商家主要来自皖南徽州地区和太湖流域，因此这里的建筑风格既有徽派特色，又有苏南建筑的特点；既呈现徽派的古朴典雅，又体现香山派的通透轻盈，古建专家将其称为"皖南

徽派与苏南香山派的过渡类型"。老街的建筑风格亦反映了它作为沟通苏、皖经济与文化走廊的历史定位。（图19）

图19　老街南大门

砖木结构　老街沿街的店面多数为楼宇式双层砖木结构，挑檐、斗拱、垛墙、镂窗。为节省土地，建筑共基连山墙，上下两层"硬山脊"。屋架上楼高于下楼、楼上与楼下柱子错位分布。墙基四周竖角石，布局紧凑。

纵深布局　街房一般纵深五进相连，开间一至三间为限，数进通长70—80米。每进上下两层，高7—9米。前进经商，中进居室、客堂。后进靠河作客栈或作坊。各进之间通风采光，由横式天井相连，两旁为厢房或回廊。街道店铺与住宅相连，纵深院落较小，侧以高墙相围，堂间敞厅式。（图20）

图20　街巷夜景

　　骑楼门面　临街门面，敞开式店堂以木板扉门启闭。门楣造型别致，在阑额坊之上，采用曲椽构成"占天不占地"的骑楼或轩廊，出跳达1.5米左右。骑楼朝街一面钉木板隔墙，木板墙上分别安装镂格扉窗，不仅艺术造型美观，还可起避雨遮阳之用，登楼可倚窗观赏街景，倾斜式门额上悬挂店名横匾，别具一种情趣，建筑构思可谓一举多得。

外观特色 老街建筑，重在门面装饰，后进较为简朴。临街木结构斜撑和额枋部位施以木雕。木结构刷桐油而不施彩绘，保持原木本色，这些都具有鲜明的地方传统风格。门厅一般为木板排门，也有高门堂牌坊式。建筑外观，多为硬山脊，除祠堂和寺庙外，很少用马头墙，前砌封火墙，两坡顶屋面，盖蝴蝶小瓦。

木雕与砖石雕 木雕是老街建筑内外必不可少的装饰，但以门面为重，在临街木结构斜撑和额枋部位往往雕刻"五路财神""太白醉酒""麻姑献寿""郭子仪做寿""群英会"等历史典故与花草吉祥纹样。

砖石雕则被广泛用于门楼、门罩、礅台、花墙、屋脊及山墙侧中上方。砖雕材料采用特制水磨青细砖，质地精纯细腻。石刻材料则以大理石结晶灰岩为主。高淳老街明代砖石雕的体形较大，刀法粗犷、构图较简朴。清代以后，多用剔地起突、压地隐起、减地平雕和堆塑透雕等复杂技法，层次深入，立体感强。题材多半为富贵吉祥、招财进宝、人寿年丰和五福临门等，表达了中国人的美好愿望。

历史成因 由于控扼沟通苏、皖的重要经济走廊文化线路，高淳老街的诞生和发展无不与商业的繁荣有关。据记载，老街自宋代起，即为粮食、布匹、茶叶、山货、药材等苏、皖两地大宗物资商品交流、转运的集散地。明清时期，官溪河码头上停泊的船只经常长达数里。商业的发达带来人口的聚集、更多房屋的兴建，推动街道的不断扩展，最终形成整个街区，可谓"因商立市，依市成街"。（图21）

图21 通贤街西门

"金陵第一四方宝塔"——保圣寺塔

保圣寺塔位于淳溪镇东。俗称"四方宝塔"，在高淳民间被誉为古四宝之首，原为保圣寺内大佛殿后建筑。据《重修保圣寺塔碑记》，保圣寺唐贞元十七年（801）由高僧贯休改建，名"龙城寺"，有山门、大殿、观音堂、客堂、厢房等，塔立于大殿正后。北宋大中祥符年间，改称"保圣寺"，塔以寺名。后历经劫难，寺毁塔存。（图22）

图22 保圣寺塔春景

据县志记载，现存之塔系南宋绍兴四年（1134）重建，明清两代多次维修，1974年重修塔刹，1985年大修，现已重现当年挺拔身姿。今塔虽经多次修建，但主体绝大部分构件仍为宋代遗物。塔为砖身木檐楼阁式建筑，平面呈四方形，共七层，高31.5米。塔身无座，底层边长5.43米，围有外廊。底层占地139平方米，壁厚1.3米，全用青砖砌成。以上塔身逐层递收，加之腰檐平缓，刹件高耸，更显古朴端庄。塔转角皆砌角柱，塔身四面开门，各层门位上下相错。底层为壶形门，其他各层均为券门。塔内为四方形塔室，二、三层因高度较大，置有夹层。各层设木梯，置木楼面，游人可登临塔顶。

中国现存古塔多为六角塔或八角塔，保圣寺塔为四角形塔，建筑形式奇特，在众多古塔中比较罕见。结构和造型多具宋代风格，融合宋代南北方古

图23 俗称高淳四宝之首的四方宝塔

塔的建筑技术，是宋、明之间由木檐阁楼式砖塔转变为仿木结构重楼式砖塔的典范之作。（图23）1982年，保圣寺塔被公布为江苏省文物保护单位。

明正德年间（1506—1521），"焚王宫阙碧崚嶒，吼出蒲牢百八声。残月落余醒梦后，宋生不必听鸡鸣"。夏辑的"保圣晨钟"被知县顿锐列入拟定的"高淳八景"之中。关于保圣寺钟声的描述，据清道光淳溪双塔《蓝氏家谱》记载，保圣寺"宝殿雄伟，浮屠朗耀，实成胜境。其尤著者，则钟声敲动，震惊四方"。

二、南北播迁

长乐杨家

长乐杨家位于淳溪镇长乐村，与安徽当涂湖阳毗邻。据《高淳县志》记载：北宋初年，福建蒲城杨氏至安徽凤阳为官，遂全家居之，历八世，因中原兵乱，随高宗挈家南渡。南宋绍熙年间（1190—1193），有质公者，徙入高淳境内芦溪卜居。

又据《芦溪杨氏宗谱》载："七十七世震龙公，五子徙居马鞍山、高淳。千一公杨时荣，迁溧邑崇教乡长芦东庄，遂家焉，娶陈氏，生一子之鹤，二孙万德、万瑞，分徙东庄、西庄，俱以天年终。"宗谱中提到的"东庄"，就是现今的芦溪杨家，西庄就是现今的杨家湾。据此推算，长乐杨家建立村落已有800多年。

历史上长乐杨家曾有多个地名。宋元时称"东庄"，明清时称"西杨村"，清康熙《高淳县志》曾作简要说明：西杨村于溧水、太平分界处。民国初年改为"分界杨村"，1949年以后，分界杨村划分"新杨"与"杨家"两个行政村。2009年，淳溪镇行政区划调整，合并为"杨家村"。

七家村

七家村位于淳溪镇西街。据《淳溪蒋氏宗谱》记载，北宋天圣四年（1026），八十八世蒋爱携二子由宜兴郎川蒋岗迁居溧水之南。一日，父子捕鱼抵达花山，发现南边二山淙淙不息的山泉中有细小的金沙，便令二子在山沟中搭舍淘金。三代淘金百余年，蒋氏兄弟繁衍七户近三十人，积累了较丰厚的财富。《高淳地名录》也载：蒋山，相传宋时有蒋氏兄弟在此淘金,故名。蒋爱遂为淳溪蒋氏始祖。

北宋末年与南宋初年,溧水之南相继围筑永丰圩、大丰圩、肇倩圩、保胜圩、仙圩等,湖泊变良田,高淳西部渐渐有了人烟与稀稀落落的村庄。蒋氏裔孙抓住商机,携金定居现今淳溪镇西,开基建村,因只有七户人家,故取名"七家村"。接着,村民沿河盖房开店,经营杂货、山货与餐馆、澡堂等,在依山傍水的固城湖滨率先揭开了兴建水乡集镇的序幕。(图24)

图24 七家村老街

薛城村

薛城村位于淳溪镇西,石臼湖畔。民国《高淳县志》载:"元末,邢光甫筑土城御寇,周二里许,谓之薛城。洪武初,都建康,遂往劳军,以城属焉。"薛城村邢姓为第一大姓。邢姓是周文王之后,它的远祖在今山东聊城地区。春秋战国时期,山东聊城隶属齐国,为孟尝君的封地,地名称"薛"。邢氏祖先于东晋南渡,元末挑筑土城御寇,为纪念兴隆发脉的故土,不忘远祖,故将土城取名"薛城"。故《邢氏宗谱》序云,"周封聂北邢开国,晋渡江南淳作家"。

繁衍数百载,邢氏开枝散叶,生生不息,据民国高淳人吴宽《高淳乡土志》载,全县"邢、孔、赵、李"四大姓氏邢姓位居第一,人口逾万。薛城邢氏素称名门望族,代有闻人。自明永乐至清嘉庆十六年(1811)的400余年中,薛城邢氏就涌现出60多名朝廷命官,仅明万历年间就产生各类官员26名,创高淳历史之最。1997年,在薛城村发现新石器时代的古人类遗址,距今5500—6300年,是南京考古的重大发现之一。

三、乡绅之治

文风塔

文风塔位于淳溪镇小甘村,原位于淳溪镇东门外小甘村学宫前,其地原为文昌阁旧基。乾隆五年(1740),知县赵之璋因小甘村在学宫前巽方,乃建文昌阁,上供文昌帝君像,以应文峰。文昌阁基址不高,阁高仅三丈,未能上凌云霄,下壮形势。光绪十四年(1888),邑绅刘芬、吴寿恭等募捐两千多串铜钱,认为其地当学宫巽方(东南方),建塔于其上可以应文风,故名"文星塔",又称为"文风塔"。

据陈嘉谋所撰塔记云,塔起源于佛门藏经,与风水无关。后来堪舆师因塔形耸立挺拔,故于山巅水口建之,以应风水,一般通都大邑皆有风水塔。咸丰年间,阁为乱兵拆毁,诸士绅建议筹款购料,易阁为塔,并培高塔基。塔高七丈有余,登高望远,可以凌云霄、壮形势。大家都说,塔成,当有文星出现,故名文星塔,今后乡、会两试,邑中士人自当接步青云。

原塔为砖木结构楼阁式,六面七级,塔刹为铁铸七重相轮,通高20余米,底层壶门朝南,其上隔层开三

图25 文星塔旧貌(20世纪50年代)

门。内置楼板，可登高观赏。1953年夏，塔刹遭雷击坠落。1966年，塔被拆除，今仅存塔基。（图25）

聚星阁

聚星阁位于淳溪镇官溪河的襟湖桥南堍，又称"观音阁""水月阁"。明隆庆六年（1572），邑民陈显四在捐建永济桥的同时，在桥南新建桥头阁，时称"水月阁"。据徐寅《重修永济桥水月阁叙》记载：高淳因为新造之邑，无江山之险、壕堑之固，而仅以官溪河环绕为池，上受徽宣之水，奔腾澎湃近二百里，历当涂而泄入长江，故建永济桥、水月阁以杀其势而固其防。但若有邑而无桥，则邑之气不聚；有桥而无阁，则桥之势不雄；有阁而无庄严色相以为大众瞻仰，则不足以续香灯而垂久远。

清顺治十四年（1657），永济桥重建后，水月阁仍垣墙倾圮，风雨不蔽，僧人星散，行者难以休憩。当时风水行家及邑人皆认为此阁为"一邑关锁"，全县福祉有赖于此。保圣寺僧静修过此而感叹寺阁破败，遂发愿修葺，乃借助于众信徒之力共襄胜举。道光二十六年（1846），知县王检心以重建襟湖桥剩余的钱款500串重修水月阁，因阁内供奉了文武帝君像，故改名"聚星阁"。咸丰年间，聚星阁为兵燹所毁，光绪十六年（1890）重建。1958年，聚星阁被拆毁，2000年复建。复建后的阁八角三层，高15米。逐层内收，每层展翅翘角，下悬铁马，风动齐鸣。底层面积40平方米，行人往来襟湖桥皆从底层穿阁而过。

历史上的水月阁上耸云霄，下临官溪河，登此阁凭窗四望，湖光山色尽收眼底，故成为淳邑最著名美景之一。徐寅曾赞曰："当芳辰良夜，东眺固城，则可以忆吴越之盛事，而挹其烟岚；西望丹阳，则可以睇五湖之胜境，而吊谪仙之狂。若孤月当空，水光一色，鱼艇成列，七洞铿然，非登斯阁而不能领略淳邑胜景。"

襟湖桥

襟湖桥位于淳溪镇南官溪河上。原为木桥，初名"甘棠桥"，始建于明嘉靖二十年（1541）。隆庆六年（1572），拆木桥改建为七孔石拱桥，命名"永济桥"。清道光年间重修，改名襟湖桥，取"襟带三湖"之意。1993年，桥因标高不能适应水运业发展和汛期泄洪需要，改建成五孔石拱桥，改建时将中间三孔合并为一孔。襟湖桥现为南京市文物保护单位。

襟湖桥南北向，全长77.7米，净跨56.5米，宽7.3米，标高14.1米。桥两侧石砌高0.94米的护栏，分节设置21对莲花形望柱，柱高1.4米。中间两对望柱顶部装饰石狮，雕刻细腻，栩栩如生。桥两端铺设青石台阶，中间平铺石板斜道，整齐壮观。桥的中孔宽9.7米，次孔宽8米。中、次孔采用纵联叠砌，三、四孔采用纵联分节并列法砌造。桥南建楼阁一座，名"聚星阁"。桥、阁相映，更显雄伟壮观。（图26）

图26　襟湖桥和聚星阁

中街古井

中街古井位于淳溪镇高淳老街北侧小巷。始建于明嘉靖初年。据民国《高淳县志》载，明嘉靖初年，刘启东任高淳县令。任上，他鼓励农桑，兴修水利，改建高淳县治，为地方办了不少善事，"百废俱举，淳治蔚然改观"。这一年大旱，接连几个月不下雨，固城湖干涸见底。为解决邑民饮水问题，他亲自带领衙役在县城内挖了两口井，一口建在学山旁，名"大成井"；另一口建在县城中街，名"中街井"。现井深10米，口径0.56米。原有双重井栏，今二者存一。

吴氏宗祠

吴氏宗祠位于淳溪镇高淳老街,始建于清乾隆四十六年(1781)。吴氏宗祠依地形而建,门朝官溪河,背靠老街。吴氏宗祠布局为前进正门(戏楼),中进享堂,后进祭殿,间设天井,侧有厢房。吴氏宗祠建筑面积计820多平方米,现为江苏省文物保护单位。(图27)

图27 吴祠临湖正门

吴氏宗祠首进三开间,上下二层。底层南向开设正门,门外两侧砌"八"字形罩墙。青砖叠砌,麻石做基,左右各安置一块圆形抱鼓石。进入正门,为一座戏楼,是吴氏族人欢聚娱乐之所。中进享堂,占地面积250平方米。建筑造型为前、后轩廊,敞厅式。正间屋架"抬梁式",上设草架,高达12米多。后进祭殿,地势高于中、后二进,建筑结构为内四架大梁、前轩后廊，占地面积225平方米。中、后两进大殿系典型的徽州风格。（图28）建筑造型均为小瓦屋面，马头墙、镂空屋脊。木构架用材较大，且材质极佳，以楠木作柱，柏木作梁，其味驱使蜘蛛远避，故梁架上丝毫见不到蛛丝尘网，历久如新。在享堂廊下的束腰板上，刻有精美的"二十四孝图"木雕，突出了祠堂尊祖孝亲的本意。

图28　吴祠中进

观乐台

观乐台位于淳溪镇高淳老街，系吴家祠堂的前进建筑。观乐台建于清光绪年间，因年久失修，于1996年拆除重建，2007年维修后恢复旧貌。

戏台砖木结构，单檐歇山式，三间二层，占地面积134平方米。上层演戏，下层中间作走廊，两侧建厢房，供演员住宿，兼作楼道。正台中间安装刻有"凤戏牡丹"图案的天壁,其上方悬挂"观乐台"横额。两侧子台均分隔两室,前为乐池,后作包厢。台顶墁平棋天花,正中构架叠三层八角形藻井。藻井内刻"双龙戏珠"浮雕,底部以花罩衬托,不仅装饰典雅,且有良好的音响效果。藻井四角悬挂木雕花篮,内刻四季花卉,雕工精美。

台前立柱在雀替和斜撑部位各有一镂雕的倒挂雄狮,狮身上站立文武天官。柱间的梁枋、格扇窗,无不精雕细刻,内容有"郭子仪做寿""百岁挂帅""借东风""群英会"等戏剧浮雕,多姿多彩,形象逼真。檐口两端挑出角梁,使屋面平缓起翘。其挑出部位雕刻一对振翅翱翔的凤凰,别具风姿。戏台造型典雅美观,精巧玲珑。正台屋架凸出高耸,两侧子台屋面略低,两相叠连,错落有致。从外形看,恰如鲲鹏昂首,展翅欲飞。(图29)

图29 观乐台

鼎昌恒盐栈旧址

鼎昌恒盐栈旧址位于淳溪镇高淳老街内，创办于清末，原名"合泰和"，其店面很大，前通街，后通河，并在东坝设有分栈，经理是扬州籍盐商张晋之。由于该店采取克扣斤两、灌水掺泥、加价加耗等手段牟取非法利益，激起邑民公愤，遂联名向县府请愿，强烈要求对此店派员勘查，整理盐务。迫于压力，县府将盐栈换了一块招牌，易名为"鼎昌恒"。今高淳博物馆尚存三件清同治年间鼎昌恒盐栈专用的鼓礅形石砝码（又称盐权），其上刻有"鼎昌恒旗"及"105斤合147磅""100市斤即50公斤"等字样，是这段历史的重要见证。

杨厅

杨厅位于淳溪老街内。原为民国时高淳首富赵庄的故宅，后出售给杨氏，改称为"杨厅"。杨厅建于民国初年，纵深为三进，占地面积500余平方米。

杨厅首进是一座面宽三间、上下两层的砖木结构楼房。中后二进为"走马楼"造型。左右边间分别为主人及公子卧室，楼上则为小姐闺房。天井两侧设厢房，原为来客和仆役居住。进与进之间设天井通风采光，天井还汇集四周雨水，谓之"肥水不外流"。每进堂间看柱内设石门坎，共三进四门。

门坎一进高过一进,象征生活、经商步步走高。石门坎上还安置六扇镂空屏风与门正对,意谓对外斜不入内,对内财不外流。

头进门面为排门式,门额之上设骑楼,檐口由曲缘外挑,既挡雨又遮阳。出门枋下撑木雕草花龙。两侧山墙垛头逐级外挑。后进雕花门罩朝内,上雕"德乃福基",这区别于徽派华丽对外的特点,而具有苏派对内自观的特征。杨厅建筑同样大量施用木雕,内容有"福寿禄三星""双凤戏牡丹""双狮绣球""岁寒三友""云拐"等。

救生局

救生局位于淳溪镇当铺巷25号。固城湖为湖广至苏杭沟通数省的要道,每至夏秋水涨,行舟常遇风险。清道光十年(1830),高淳县知县在县内外各处劝捐造救生船,购买老街码头一处民房用作救生局办公,主持固城湖遇难船只的救生、打捞事宜。

道光年间,救生局在固城湖红沙嘴建有石台,上竖一根高大旗杆,有专人值守。若遇到暴风,白天挂"大风止渡"四字大旗,晚上悬灯示警,禁止客商船舶航行,并击鼓通知救生船出行救护。太平天国战争期间,救生局屡遭兵燹,所有房屋、船只、器用、簿据均焚毁一空。现救生局旧址总占地面积951.7平方米,共三进,硬山顶,上下二层,

图30 救生局旧址

穿斗式。每进面阔三间,进深五檩。两侧有厢房,穿堂有天棚,院内有"救生局"汉白玉石碑一通,完好无损。(图30)

崇仁局

崇仁局位于淳溪镇东芮家村。又名"灵佑殿",建于清光绪二十六年(1900)。崇仁局上下二层,前后三间,中有天井,建筑面积174平方米,木构架四排柱、五架大梁、穿斗式。前进两侧山墙砖砌"华盖"形山脊,风格别致;后进正间左右梁架七檩抬梁式,屋面形成"四水归堂"。

崇仁局与固城湖南的保贤局、西救生局同属一宗,因处固城湖北岸,门前竖杆挂灯,常年为夜间船只指航外,并兼助寡孤、修桥筑路等社会慈善义举。

启后祠

启后祠位于淳溪镇薛城村。据《薛城邢氏宗谱》记载,薛城邢氏宗祠始建于清代中期,光绪年间和民国二十三年(1934)多次维修。2012年,薛城邢氏宗祠经维修后恢复旧貌。

祠堂面宽五间,横长17.6米,纵深30.3米,高8米,前后二进,中天井。前进造型为内五架大梁,前后轩,外硬山脊,两侧砌"马头"垛墙。后殿系清代中期建造,五开间,木构架,采用五柱十一檩,前置双轩廊,中减柱抬梁式,用楠木作柱,柏木作梁。斜撑和雀替雕草花龙、奔鹿图案,柱下正方形石磉上雕"寿"字纹,地铺罗底砖。每进东山墙设有边门。整组建筑保存较为完整。(图31)

图31 启后祠旧貌

吴门双节坊

吴门双节坊位于淳溪镇崇仁街。清雍正十三年（1735）建。现仅存部分坊表砖铭镶砌在墙壁上，铭曰："旌表故儒吴待楷妻杨氏故儒吴待学妻谈氏双节之坊。"额雕花草纹饰。据民国《高淳县志》载，昔有孔氏女，21岁嫁给吴待士为妻。婚后两年丈夫病故，父母劝改嫁不应，终生寡居。待士之弟待晋、待学也都英年早逝，其弟媳杨氏、谈氏皆以孔氏为楷模，矢志不改嫁，苦节行孝，有"双节"之誉。并孔氏，当地亦有"吴门三节妇"之说。坊为杨氏、谈氏所建，故名"双节"坊。

杨家龙王庙

杨家龙王庙位于淳溪镇长芦杨家村，始建于明景泰年间。清道光、咸丰年间迭遭水患，几近倒塌，咸丰八年（1858）由芦溪人杨应功出资维修，得以保存至今。

庙砖木结构，三间二进，建筑面积约275平方米。外观侧砌马头墙，屋脊正中置葫芦形宝顶，两旁配以高一米左右的"寿"字形铁叉宝刹。脊尖装饰"赐福龙"鳌鱼头，高出屋脊尺余。大门基座雕刻各种吉祥图案。庙内保存部分明清石刻和碑记。（图32）

图32 杨家龙王庙

关王庙

关王庙位于淳溪高淳老街，又称"关帝庙""武庙""关岳庙"。明弘治二年（1489），应天府丞冀绮召集高淳富商王枥七等人筹建于高淳老街北拱极门内。万历四十五年（1617），知县唐登隽倡议在老街王家巷西侧重造，称"关帝庙"。（图33）

图33 修缮一新的关王庙内景

由于清朝将关羽视为护国神，其地位升至史无前例的顶峰，关公祭拜列入国家祀典，每年春秋两个仲月的上戊日和关公生日五月十三日均要致祭。关公的等级同于孔子，与祭祀孔子的文庙相对，关帝庙又称"武庙"。清咸丰十年（1860），关王庙毁于兵火，尽成焦土。同治七年（1868）秋，全县七乡按田亩摊捐集资，于原址废墟上重建关王庙。重建的关王庙共九楹三阙，前为门楼，中为拜殿，后为正殿。其规模式廊，金碧辉煌，为金陵七邑武庙之首。民国4年（1915），关王庙中增塑了历代忠武将士张飞、赵云、李靖、郭子仪、韩世忠、旭烈兀、冯胜、戚继光、尉迟敬德、狄青、徐达、常遇青等26人的神像。

民国17年，高淳老街更名"中山大街"，关王庙更名"中山堂"，成为国民党高淳县党部机关驻所。日伪时期，更名"和平堂"，1945年，抗日战争胜利后，复名"中山堂"，县民众教育馆设此。1949年5月，高淳解放后，先后有县农民协会、青年团高淳县（工）委、县人民武装部、兵役局等机关设在其内，旧殿被逐步拆建、改建。2004年4月在旧址按历史原貌恢复关王庙。重建后，关王庙占地3800多平方米，内建山门、照壁、戟门、祭殿（享殿）、启圣殿（正殿）、东、西垛殿、钟敲亭、"气肃千秋坊""义贯云天坊"等四坊。（图34）

图34 关王庙正殿

耶稣教堂

耶稣教堂位于淳溪镇江南圣地47号，民国21年（1932）建。砖木结构，前后两进，中天井，两侧有轩廊

图35 耶稣教堂

相连，腰部设边门，占地260平方米。清宣统三年（1911），天主教传入高淳，在淳溪镇东门外建立天主堂。高淳基督教的创立始于1928年，先从宜兴传入淳溪镇，两年后又传至阳江镇南荡圩一带。新中国建立后，由于信徒较少而逐渐冷落关闭，教堂遂作民居。2003年5月，该教堂作为教徒活动场所和旅游景点，恢复活动并对外开放。（图35）

石臼湖草场勒禁永遵碑

碑现存淳溪镇杨家龙王庙，立于清康熙三十四年（1695）。据碑记载，太平府当涂县与江宁府高淳县民众为争夺石臼湖及湖边草场地亩由来已久，因此案牵涉两县利益，久拖不决。

高淳县民杨世泰等根据高淳县志记载，有废圩16处，其中打野等六圩位于当涂县界的石臼湖北，其草场也一直由高淳缴纳场粮，并有执照为证，故认为其地和草场应属高淳。而当涂县贡士邢文爵等坚称这些草场原在高淳县界的石臼湖南，不在当涂地界。高淳、当涂两县以石臼湖中流为界，湖界即场界，故凡石臼湖北之草场地亩皆应属当涂。经太平府、江宁府有关官员对以往诉讼案卷、碑文、志书、书籍、契册等逐项查明，原来两县虽然以石臼湖中流为界，但湖边草场地亩似未明确分界，故常为争夺湖利而发生纠纷。

此案判决结果报两江总督部院批准后公布如下：两县石臼湖内当仍旧以中流为界，湖水泛滥时则同禁同采，湖水干涸时则各执其业，这样当涂就不能独享湖场之利，而高淳也可免除赔粮之苦；高淳县在石臼湖北之草场仍旧照册营业，当涂县民不得借界争执。反之，当涂县民刘渊侯等七户有田在石臼湖南者，也允其取草捕鱼，高淳县民也不得借界争执。判决结果应当告知杨世泰、邢文爵等人。如有敢怀私妄争、再生衅端者，相关府县将对违禁之人从重治罪。诉讼结果分别在二县勒石树碑，以永行遵守。

杨纯诗状告孙伯等恩批碑

图36 杨纯诗状告孙伯等恩批碑

此碑（图36）现存淳溪镇薛城杨家龙王庙，立于清康熙五十三年（1714）。渔户杨纯诗等一直在钱家渡官河捕鱼为生，并依法向国家缴纳赋税。杨家世代以此为业，传有300余年，有新旧印册等可作确凿凭证。而且杨纯诗等埋桩排缯捕鱼之地，距离圩田甚远，本来对圩岸没有任何影响。但靠近河岸的官宦子弟孙伯等恃势横强，为抢夺渔利，借口网鱼埋桩有伤圩岸，故将杨纯诗等人的缯、桩、船只抢夺一空。

康熙五十二年（1713）十一月初七，杨纯诗等向县府状告其事，要求验明课册，追还被夺的船只，继续下桩排缯。此案经高淳县令陈国柱、典史高得名等查办，并报两江总督府批准，判决应听从民便，渔户杨纯诗等可以照旧捕鱼，孙伯等不许阻止杨纯诗等埋桩排缯，暗绝渔户生业，如再敢抗顽不遵，欺凌百姓，一被告发则严加处置。杨纯诗等特于康熙五十三年五月八日立碑为记。

奉宪禁碑

碑现存淳溪镇长芦新杨村大庙，立于清同治九年（1870）三月。根据贡生夏木清、监生夏森、职员吴文举等人反映，永康、珍珠、小辛三圩彼此相连，若一圩埂被决，则三圩淹没。其圩埂旁边皆有沟池、藕塘，因屡遭人挖藕而损伤了圩埂脚，每次决圩均在藕塘旁冲破。此前，这些藕塘、沟池皆有业主，但现在一直没有人认领缴粮。故诸人建议，趁此无人认领缴粮之际，将这些沟池、藕塘一并收归各圩公有，永远不许在圩埂旁边栽藕，免致破坏诸圩埂脚，并禁止纵放六畜入圩、砍伐圩埂之上柴薪树木、私自窃

图37 奉宪禁碑

取圩内水草，致起争端。

以上建议获准，高淳知县杨福鼎遂勒碑为禁，禁令须让永康、珍珠、小辛三圩诸色人等知悉。公示之后，如有违者，诸生可以实名至县府举报，将严惩不贷。民国7年6月，因又有无知乡民在埂旁栽藕养鱼，有伤埂脚，故三圩联合与其毗连、共用外埂的安徽会昌圩议约，经报高淳县政府批准后再次勒石重申禁约。（图37）

第三节　非遗精粹

高淳方言

地处吴头楚尾的高淳，北面的溧水，西、南面的宣城、郎溪属江淮"官话"系统，高淳东面的溧阳属吴语系统。一般认为高淳方言属吴方言区，然而与吴方言又不完全相同，属于吴方言区中一个较有个性的分支，其语音、语汇和语法兼有吴语和江淮方言两方面的特点，被称为吴语伸向江淮"官话"的一座"孤岛"。

高淳方言无论语言还是词汇、语法，既有吴语的特点，又有江淮"官话"的某些特征。大体上说，可分为山乡、圩乡、半山半圩三部分。山乡人说话口形变化大一些，圩区人说话口形变化小一些，且很少翘舌音，发音平直快捷。半山半圩属于过渡地区的方言，尽管山乡片、圩乡片的方言有一定的差别，但不可能有明显的分界线。

高淳历史悠久，早在春秋战国时代，就成为吴国、楚国以及越国的争夺地。因此，高淳方言保留了不少古汉语成分，堪称古汉语活化石。

首先，在语音上，高淳方言有不少字的读音与古代相同。例如："圩"，高淳方言读"yu"；"野"，高淳方言读"ya"；"家"，高淳方言读"ga"，与古汉语读音一样。

有关资料表明，古汉语多重声音而少轻声音，高淳方言也是如此，"b、p、f"往往不分。

高淳方言一般没有卷舌音，这和古汉语是一脉相承的，它印证了钱大昕的"古无舌上音"之说。在现代汉语中，卷舌音用拼音字母表示就是"zh""ch""sh"三个声母，高淳方言中基本上不用这三个声母。

其次，在词汇中，高淳方言保留了许多古代词汇。例如：

"卬"（ang 平声），第一人称代词，词义类此"我"。"卬"最早出现在《诗经》的"邶风"中。东汉许慎所著的《说文解字》如此解释："'卬''我也'"。

"上昼""下昼"，现代汉语称"上午""下午"。

"落苏"，这个词由古代传下来，而现代汉语称"茄子"。

"锱铢必较""稀苴蔽舍""驾马驶去"等古代词语在高淳方言中经常出现。

同时，在语法上，高淳方言保留古汉语某些特征，最明显的是否定副词提宾。例如，高淳方言中"吃饭不下""吃不饭下"等，都是否定副词"不"将宾语前移，现代汉语则为"吃不下饭"。

在高淳方言中，不少发音很难在现代汉语中找到相对应的文字，也许这些文字已经消失。究其原因，有些文字专家认为，这与秦始皇焚书坑儒有关。秦始皇统一中国后，实行了"车同轨，书同文"。他认为楚国是秦国的最大隐患，因此，他所焚的书、所坑的儒主要针对楚国。而高淳曾经是楚国的属地，由于地处偏僻，保留了楚国的语言词汇是正常现象，有些楚国文字的消失也便在情理之中。

另外，高淳方言用词比较灵活，运用大量借代、隐喻、双关等修辞手法，增强了语言表达效果。

高淳方言与现代普通话在发音上差距较大。高淳方言有23个声母，包括零（0）声母在内，有38个韵母、7种声调。与普通话21个声母、35个韵母、4种声调有所不同。高淳方言的读书音与口语音不尽相同，而且，60岁以上的老年人和年轻人语音也有差别。

阳腔目连戏

起源于元末明初的高淳阳腔目连戏是我国最古老的传统戏曲之一,被戏剧界誉为"百戏之祖"和戏曲史上的活化石,也使高淳成为名副其实的戏曲之乡。(图38)

图38　遍布城乡的高淳草台戏

高淳处青江之北,阳腔目连戏原名"弋阳腔",简称"阳腔",曾经流传于江西、安徽、江苏、浙江等省。它是一个独特的剧种,由做法事发展成舞台演出,故宗教色彩较浓。又因只演目连戏,故既是剧种,也是剧目。其内容以目连救母为主线,在明代有郑之珍《目连救母劝善戏文》。高淳所流行的目连戏,大体和郑之珍的剧本相同,目前仍保存有清末超伦僧的目连戏手抄本13卷,计104折。

阳腔目连戏是演给人、鬼、神共看的一种宗教戏，又叫"太平戏""唱秋戏"。在舞台演出一般有三种情况，一是"唱秋戏"，一般在秋收登场后至阴历十月演出；二是许愿、还愿，酬谢神灵保佑，演期不定；三是"打人命"，如两姓宗族滋事打死人，必须唱目连戏超度冤魂。演出时间一般是傍晚以后至次日天亮，俗称"两头红"，最长的演唱时间达三天三夜。在演出过程中，结合高淳民间祭祀习俗，如"埋嘴""赶鬼"等，形成台上台下互动的场面。

目连戏虽然是以目连救母为题材的剧目总称，但在表演时并不受剧情限制，表演者可以即兴发挥，融入高淳方言、风流韵事、风土人情，包括高跷、耍扇、逗笑、舞刀、弄枪、打铁叉、叠罗汉等绝活特技，音乐上除百余支传统曲牌之外，还有民歌、佛曲、梵音等，几乎无所不包。其唱腔分为东路腔和西路腔两种，西路腔又名"南陵腔"，东路腔又名"水阳腔"。它结合高淳"高腔"，并吸收了"道士腔"和宋元杂剧中的戏曲声腔，形成了自成体系的"阳腔"，其曲牌达140多种。在音乐上，它吸收了大量高淳民歌，说唱均采用高淳方言，并运用帮腔形式，具有浓郁的地方特色。其最大特点是"一唱众和，锣鼓节音，不用管弦"，这样在演唱过程中既有气势，又增强感染力。在角色上，它可分为生、旦、净、丑、末、外。此外，尚有武行专演"武场"。武场吸收民间武术杂技，难度很大，比较精彩，如爬杆子、钻布眼等，令观者惊心动魄。最著名的武场演员叫夏复荣，善于爬杆子表演，这种技艺今已失传。

高淳阳腔目连戏发展于明代，盛行于清代。新中国成立后，由于它宣扬封建迷信和因果报应的内容较多，后来逐渐衰落。近年，高淳县把阳腔目连戏作为抢救非物质文化遗产的重点，以清末手抄本为依据，编写出《叫花子打摊》折子戏，组织演员认真进行排练，终于使中断数十年的阳腔目连戏重返舞台。现为江苏省级非物质文化遗产代表作。

薛城花台会

薛城花台会一般于农历三月十八举办，于二月初二即对外公告，期间由能工巧匠在村口搭建一座大型戏台，邀请著名戏班连续三五日唱戏，此风俗一直延续至今。

据《邢氏家谱》记载，淳溪薛城邢氏系北宋嘉祐年间（1056—1063）由山东聊城迁至高淳。相传，清康熙年间，有山东聊城邢姓在朝廷为官，其母想要看北京金銮殿，但因年逾七旬，进京行动不便。康熙皇帝得知这一情况后，便命工匠仿照金銮殿凿了一个模型，赐给这位官员，以了却其母想看金銮殿的愿望。当时薛城邢姓就派人前往聊城庆贺，并按照金銮殿的模型绘制成图，归来后聘请能工巧匠照图在村头搭建了一个花台,于农历三月十八日邀班唱戏为康熙皇帝庆寿,以谢皇恩。

旧时,搭建后的薛城花台蔚为壮观,戏台面宽13米、进深16米、高约12米,占地208平方米。台沿围有半米多高的栏杆,其上悬挂各种戏剧人物彩图,中间塑有福、禄、寿三星泥像,两旁是八洞神仙。戏台中部所立四柱为浮雕金花盘绕,台顶是一幅幅彩画,台口上方用纸扎镂空彩屏拼联,绘有"双龙戏珠""十二月花神"等图案,称"五彩架"。五彩架的上方是五个翘檐的宫殿式屋顶,称为"五凤楼"。在戏台中间,还用彩屏分隔前、后台,有四个进出场的彩门,上书"出将""入相"。整座戏台花丛簇拥、金碧辉煌,其规模宏大,装饰精美,被誉为"江南第一花台"。薛城花台会现为省级非物质文化遗产代表作。(图39)

图39 蔚为壮观的薛城花台会

羽毛扇制作技艺

羽毛贡扇为淳溪镇最具特色的手工艺品。高淳羽毛扇已有600多年历史。据高淳县志等史料记载，明代嘉靖年间，高淳羽毛扇被列为"贡品"，每年需在端阳节前精制各式羽扇360把，供入皇宫，并在冬至日到京城领取贡偿，每扇千文铜钱。这制度直到太平军定都天京（南京）后才废止。

高淳羽扇原料分鹅毛、雁毛、鹰毛、雕毛、鹤毛、鹳毛等数种。按样式不同，扇大体分为以下八种：圆扇，以鹅毛、雁毛最多，根据羽毛多寡又分四十四、五十六、六十四、七十二等数种，其制作容易，装饰平平，故售价最廉；平广月扇，除鹅毛、雁毛外，亦有鹰毛、雕毛，其制作费工较多，式样亦佳；汉广月扇，式样与平广月扇稍异，各种羽毛均可制作，唯工序较烦，售价亦贵；桃子扇，形似桃子，其原料及制作均与平广月扇近同；鸡心扇，形似鸡心，其制作与汉广月扇相同；福寿扇，以鹅毛、雁毛最多，制作较易，式样尚可；小汉月扇，扇面较汉广月扇小，制作同桃子扇；孔明扇，最为珍贵，原料多为雕毛及鹰毛，制作费时，装饰富丽。制扇时，一般先整理、精选羽毛，刷去灰尘，用清水洗涤、晒干，再用刷子刷光，以铁丝串连，用蔴线（多白色，红、绿、黄、蓝等色较少）扎紧，其后装柄（有竹、骨、牛角、绿松、白松、

图40 省级非遗羽毛扇保护基地

象牙之分）、装花（以普通洋布制成，多白色，形似菊花），并串连柄端丝绳，则扇成矣。（图40）

1914年，高淳羽毛扇被选送"巴拿马万国博览会"展出，颇受赞赏。1951年，高淳制扇艺人为感谢党和人民政府对羽扇行业的关心和支持，特挑选最好的羽毛雕翎精心制作了四把宝剑式象牙柄的大型羽扇，分别赠送给毛泽东主席、朱德总司令等国家领导人。目前，高淳羽毛贡扇畅销东南亚、美洲、大洋洲等23个国家和地区，也是中外游客来到老街最喜购买的特色商品之一。高淳羽毛扇现为省级非物质文化遗产代表作。

长乐凌云车

长乐凌云车起源于唐，又称"龙吟车""辚辚车"，流传于淳溪镇长乐村，其他地方极为罕见。

相传唐玄宗李隆基精通乐技，爱好戏嬉，每逢春首，他就要带着宠妃杨玉环踏青出游，乘着高大马车，鼓乐歌女相随。据说位于石臼湖畔的长乐杨家村杨氏和杨玉环同宗同脉，因此对杨玉环有着特殊的感情。而与杨家相邻的长乐村夏氏与杨氏素有亲缘，世代和睦相处。夏、杨两姓堪称当地的大家族，族中的贤人名士发动村民，开展一些光宗耀祖的活动。明洪武年间，在杨、夏两姓族长的倡导下，根据唐玄宗、杨贵妃的美谈举办"凌云车"壮游活动，相沿成习。杨家在龙年兴大抬龙，长乐夏姓出动"凌云车"，薛城邢姓大族则扎置"花台"，于农历二月初八、三月十六至十八日共同开展活动。

"凌云车"以车命名。车为高大木结构独轮，车轮直径为1.43米，车轮中轴为小轮盘，为0.4米，外车轮能在推动旋转时带动内小车轮发出碰磨的吱嘎声，车轮装置在车身下。车身高3.3米，车上配装木雕龙形，长0.4米。龙形雕刻精美，昂首伸爪，曲身翘尾，神态生动。车身两侧立两护杆，长7.8米，全车总重量达500多公斤。出车时先由六名按唐代装束的勇士扶握车侧木把，稳住车身，再上两名武将站立车身两侧踏脚处，两个武将中间站立一个文官。车身上部木雕龙尾处站立一人，撑大黄凉伞，凉伞高4.4米。车身前端书写端庄字体对文、横披彩饰。车身在炮铳、锣鼓声中启动，由六

图41 "凌云车"出行

人作护推,统一步调推动车轮滚转缓行。(图41)

"凌云车"的高大特征还表现为八面布质长旗(俗称"蜈蚣旗")的配置。每面旗高达8.7米,并书写上长联。执旗者均为青年壮汉,穿着整齐,气宇轩昂。旗队为"凌云车"开道,随后有12花担,由彩装少女肩挑花篮悠然摆舞前进,夹行于列队中的彩旦、男丑边走边舞,动作滑稽风趣,逗人发笑。车轮滚动声、小车轮吱嘎声、大锣大鼓声、观众欢动声,声势浩大,热闹非凡。"凌云车"的游舞行程为十里,观众多达数万人。这种民间表演艺术堪称"高淳一绝"。凌云车现为省级非物质文化遗产代表作。

花扇舞

花扇舞起源于淳溪镇薛城花犇村。相传在明朝年间,花犇村上突然长出一棵奇异高大的"犇树"(当地人称茶花树为"犇树")。自树长出后,村上百姓便时来运转，人畜兴旺。从此，人们都视此茶树为"神树"，并将村名改为"花犇"。每逢喜庆佳日，人们总要舞花娱神，久而久之，花便成为表演所用的道具。

每年祭祀之日，花犇村民男女青年手捧花钵，载歌载舞，供奉花犇岗上的神树神花，后来逐渐形成了"跳花钵"的民间舞蹈。表演者初为男扮女装，一群姑娘夹着一名丑婆，引逗打俏，姑娘们一手捧花，一手摇纸扇，欢歌起舞，场面热闹。后来又演变成七仙女伴一名男丑角舞蹈，内容增添了"下凡""采花""撒花"等几个片段。20世纪50年代，陶明刚、孙毓秀等一批爱好文艺的花犇人民将传统"花钵舞"改编成以羽毛扇和五彩花束为道具的花扇舞，表演者为八位姑娘。姑娘们在民间音乐中翩翩起舞，表演"采花""对花""倒花""单穿花""双穿花"等片段。

图42　花扇舞表演

1956年,本地花扇舞表演团队参加镇江地区(当时高淳地属镇江)和全省业余文艺调演,均获优秀表演奖。后来经南京军区前线歌舞团、江苏省歌舞团深度创作,加工排练,改名为《江南三月》,作为优秀传统节目经常在省内外演出,好评如潮。(图42)

采菱舞

采菱舞又称"采红菱",是高淳石臼湖畔的姑娘们根据采红菱的真实生活自编自演的民间舞蹈。舞蹈再现了采菱女掀开菱叶采摘鲜菱的生活场景,舞蹈自姑娘下湖采菱演到鲜菱满盆归来,形象生动。只见在那笛鸣悠悠、垂柳依依的绿荫深处,飘出一只只菱盆,姑娘们唱着"八月里来天气爽,满湖菱藕放清香"的采菱曲,鱼贯而上。轻盈的舞姿,传神的采摘,没有菱处胜有菱,滴水不见水涌流,把观众带进了茫茫湖泊中。

"采菱舞"经中国人民解放军南京军区前线歌舞团编排后,在维也纳参加世界青年联欢节演出,获得银奖。1958年,表演团队在中国人民解放军江苏省军区民兵文艺会演中演出采菱舞,以优美生动的艺术形象赢得与会者一致赞美,并获创作、演出双优奖。

高拨子

《华东戏曲剧种介绍》载:"高拨子出自应天

府高淳县。该县为石臼湖、丹阳湖所绕,湖中渔民多喜唱歌。撑船时随拨随唱,故名拨子,因曲调出自高淳,所以叫高拨子。"

高淳戏曲老艺人称:"拨子"很早以前是高淳一带渔民在捕鱼时唱的一种民歌。"拨子"是"驳子"二字的衍化,高淳人称小船叫"驳子"或"划子"。高拨子作为传统戏曲的一种独特唱腔,其最大特点是高亢激昂,具有很强的感染力。大约到明代后期,发源于高淳的高拨子与徽腔结合后,产生了徽调中的拨子腔,成为徽剧的两大唱腔之一。

高拨子不仅广泛运用于徽剧,还影响到京剧。清乾隆五十五年(1790),四大徽班陆续进京演出,使徽剧中的高拨子在全国流行开来,后来还与西皮、二黄等唱腔结合,形成全国第一大剧种——京剧。由于高拨子高亢激越的特点,戏剧家们多用

图43 深受百姓喜爱的戏曲联唱

它来表现正面角色的豪情壮志。如在京剧《杨门女将》中，高拨子唱腔的反复运用，将佘太君、穆桂英忠心报国的壮怀激情表现得淋漓尽致；在京剧《徐策跑城》《野猪林》及目连戏《老驼背少》等著名唱段中也有高拨子唱腔。（图43）

五月栽秧

五月栽秧产生于淳溪镇薛城村一带，为高淳地区主要民歌之一。它是由劳动人民在栽秧生产过程中运用高淳传统的高腔自编自唱的一首民歌。这首歌在当地流行很广，深受群众喜爱。此歌于20世纪50年代初期由著名音乐家叶林、路行等人采集于薛城长乐村。后来，江苏省歌舞团根据此歌加工，由著名演员管维俊演唱，使其成为在全国都有影响的民歌之一，并被选入南京师范大学音乐系必修教材。歌词如下：

> 五月里来是秧场，村里姑娘（哪）栽秧忙啊；花鞋脱在田埂上，脚踩泥浆（哪）手栽秧啊！五月里来是秧场，日耕田来（哪）夜插秧啊！大秧要拔来五百个，小秧要拔（哪）八百双啊！十八双秧篮（呀）满满装，十八个哥哥（哪）来挑秧啊；长秧打在（呀）深水里，短秧打在（哪）高田上啊！

第三章 崇教厚德的文化名人

吴楚于高淳地区争衡百年,为后人留下了伍子胥、楚王城等传说,吸引了众多文人墨客览胜探幽。自南宋起,北方移民纷纷南迁,拥有大量可垦湖田的古代高淳成为留都建康府(今南京)的重要定居点。其时,南来北往吟诵古高淳的文人层出不穷,著名诗人范成大等留下了一批田园、纪行佳作,奠定了高淳以田园风光为特色的经典形象。至明清时,淳溪文教昌荣,民物繁庶,商贸兴盛,促进了地方宗族的发展。这些宗族很重视"耕读传家"的文化传统,涌现了邢昉、甘霖等一批官宦名人,培养了高淳人崇教、厚德的人文性格。

第一节 历代先贤

魏良臣(1094—1162) 字道弼,淳溪镇双塔人。元《至正金陵新志》卷十三列有传记。姿貌魁伟,少赴建康府游学。期间,其母病重,魏良臣归家后从自己大腿上割肉和药,为其母治病。母咽其药,他才心安,以此称孝乡里。宣和三年(1121),登进士第。初拟任丹徒县尉,因赴京师为大学生陈东投瓯申冤,而为天下人钦佩。后调任严州寿昌县令,以治县有方著名。不久,升迁吏部郎中。

绍兴四年(1134)八月,金兵进犯高邮,形势危急,宋高宗择使求和,曾赞:"魏良臣颇有气节,宜往使!"遂受命与王绘等一起出使金国,两国议以淮水为界。还国后,因在朝廷会议上与廷臣不和,故请求回乡闲居多年。后为高宗念及,改任礼部郎中,升左右司检正。时秦桧当国,欲强求魏良臣出任御史。魏良臣不从,由此得罪秦桧,乃出守池州。

绍兴十一年,金人撕毁合约,继续南侵,魏良臣擢升为吏部侍郎,再次奉使金国。金兀术以精锐之兵恐吓,魏良臣从容不惧,反复审辩,最终维持了原来的和议。绍兴二十五年十一月,秦桧死后,魏良臣出任参知政事,曾释放在押的无罪文人及南方少数民族冤屈者,又起忠斥奸,整治军政,裁罢冗官,节约经费。次年二月,他遭罢参政,先后出知绍兴、宣州、潭州、洪州四郡。绍兴三十二年,卒于洪州,享年69岁,赠光禄大夫,封建康郡开国侯。

甘霖（1345—1404）　字沛之，淳溪镇甘村人。其为人清介慈和，才思敏捷。洪武二十年（1387），甘霖登科中举。其后，朝廷在各地举贤荐能，甘霖以"贤良"应诏进京，授福建道监察御史。为官政绩显著，为人清正，刚毅敢言，为内阁推重。不久，因直言得罪同僚，罢归高淳。不到两年，复荐入朝廷。明太祖朱元璋见其貌惊奇，非同常人，问其名曰"霖"，遂命："今浙江大旱，汝往'霖'之。"即授甘霖为浙江左参政。在浙两年，甘霖政绩显著，名声颇高，受到官民赞颂，后因病乞归。洪武三十一年八月，甘霖出为湖广永州同知。

建文帝朱允炆即位后，采用谋士齐泰、黄子澄等人建议"削藩"，燕王朱棣则以"清君侧"为名起兵南下，号称"靖难"之师。建文四年（1402），京师金陵城破，朱棣登基，是为明成祖，遂录用旧臣，擢甘霖为江西布政使。甘霖不齿于皇室内部同室操戈，故决定抗旨不就。朱棣下令将甘霖押解京师，在途经采石矶（今安徽马鞍山市）时，他吟诗一首："流恨吴江泣静晖，楼祀李白出层巍。潜来醉月人今逝，带血啼鹃何处归？"以表志节。永乐二年（1404），抵京后，甘霖宁死不屈，乃同御史董镛、叶希贤、魏冕在南京金川门外从容就义，享年59岁，其子孙相戒不复为官。

永乐五年，朱棣追嘉甘霖之忠心，赐葬于淳溪镇北二里官墩（今栗园路西北侧），同时享祀于浙江名宦祠，怀宁乡贤祠，并建坊表。万历十三年（1585），皇帝下诏为建文朝忠臣徐辉祖、方孝孺、齐泰、黄子澄、甘霖等平反昭雪。清乾隆初年，甘霖复享祀本邑忠义祠，又获赐"忠心贯日"匾。嘉庆九年（1804），为追表忠贤，再获赐"忠臣"匾一方（图44），现藏高淳区博物馆。

图44 清代赐高淳甘霖的"忠臣"匾

夏塾（1485—1556） 字习之，号横溪，淳溪镇薛城花犇人。据明故夏公横溪六府君墓志铭记载，夏塾生于成化二十一年（1485）三月初六日，性格深毅，倜傥不群，慷慨有大志，不屑于细务。自弱冠时即善诗礼，然矢志不仕，终日以耕钓为乐，人称隐德君子。其家境富裕，但为人谦虚，于父母孝，于兄弟和，于童仆善，与人交往淡然如春风和融。又喜宾朋燕集，重义轻施，不计锱铢，不责厚偿，故向他求索者如市。夏塾教子甚严，常告诫子弟："吾闻有以百忍胜人者，未闻有以不忍胜人者。"其子孙也多有出息。

陈蓥（1496—1571） 字世器，号菊坡。原为淳溪镇河城后裔。据陈蓥墓志铭记载，因表姑胡氏出嫁陈善四后无嗣，陈蓥从小过继为其后，故世为淳溪陈氏。他雅好涉猎群书，识大义，虽喜批评他人，但因真诚而不留怨言。其家教严而有法，曾亲自为二子授课。陈蓥墓葬在淳溪镇栗园村，墓葬为长方形砖室浇浆墓，顶用青石板平铺。砖室内置木棺。由于砖椁外浇浆层密封性能好，故木棺及墓主遗体保存完好，墓主仰身直肢，肤色蜡黄，肌肉松

图45 陈菊坡墓志铭

软，关节尚可弯曲。墓主胸前挂一个黄布口袋，内装"路引"一纸，上书"死者陈銮，号菊坡，大明国南京应天府高淳县城西保通贤街居住"字样。墓前一通石质墓志。墓葬发掘结束后，墓主遗体运往上海自然博物馆保存展览。（图45）

夏鉴（生卒年不详） 字文明，号鱼乐，淳溪镇长乐人。自幼有大志，博涉经史，惜未及第就仕。夏鉴好书，曾经清空一室，以贮存先人所留书籍，并兀立其中说："此足够我终老一生了！"夏鉴性孤洁，能够坚持操守，不苟同于人，别人也很少到他家。同里中有富户慕名招请，不为所动。据说他足不出户多年，甚至年届70仍然教授于乡里，而其子弟也多有成就，故乡人皆尊称他为"长芦小先生"。夏鉴兼善吟诗，宗长庆体，擅长楷书，颇得欧阳询笔法之妙，著有《鱼乐稿》。明永宣至成化年间，夏鉴编修《溧水县志稿》，藏于家中。

邢昉（1590—1653） 初名忠卿，字孟贞，一字石湖，因家居石臼湖旁，故自号石臼。（图46）据其子弟汤之孙所撰《邢昉年谱》载，邢昉天资聪慧，才思敏捷，6岁入乡塾，9岁能作文，16岁即能写诗，19岁补博士弟子员，25岁为增广生（秀才），29岁时即印行诗集《蔌池草》，在金陵引起轰动，从此名震江南。

邢昉虽才华横溢，但命途多舛，先后五次参加乡试，皆未中举。崇祯五年（1632），邢昉43岁时第六次参加乡试，被主考官斥为文笔"太狂"，遂愤而作《太狂篇》，从此绝意仕途，潜心诗词创作。邢昉一生赋诗甚丰，著有《蕤池草》《鲁稽斋诗册》《偶然吟》《石臼前后集》等诗集，其中以《石臼前后集》最脍炙人口，有诗2300多首，后入选《四库全书》。

图46 《石臼集》邢昉画像

邢昉的诗清真古澹，最工五言，颇受时人推崇，后世评价更高。王士祯在《渔洋诗话》中独推邢昉为"韦、柳门庭人"，称为"布衣诗人第一"。陈田在《明诗纪事》中也称赞邢昉："以幽秀淡宕为宗，得诸、韦之自然，兼韩、孟之刻厉。明季布衣，邢昉第一，洵为确论。"康熙朝诗人、江苏巡抚、吏部尚书宋牧仲（号漫堂）评其诗云："凄清悲壮，山峙云涌，多温厚之遗，无怨悱之失。"

李茂英（生卒年不详） 字君玉，淳溪镇河城人。李茂英家境富裕，世业儒学，尤好作诗。每有感悟，一寄于诗歌，或填词以抒发胸中积郁。与众不同的是，他通晓音律，擅长制曲，对曲论深有研究，著有曲论《木铎余音》、传奇剧本集《南湖五种曲》和诗集《闲居草》，均刊行。《南湖五种曲》今虽已失传，但根据有关专家研究，主要描写当时社会平民如僧人、道士、渔夫、媒婆、纺纱娘等职业特征和生活习尚，其语言生动活泼，描绘细致逼真，真实而具体地反映了高淳乡村风俗和宗教信仰等情况，为明代末期散曲中别开生面之作，具有较高的艺术水平。

陈悦旦（生卒年不详） 字昇如，号羲驭，淳溪镇人。自幼勤学好读，年少时就通读经史。清康熙十一年（1672）中举，二十一年成进士。授内阁撰文中书，负责国史（清史）、明史两馆的修撰工作。因其熟悉历代政治条律，精通典故，当时皇帝下发的诰敕文字大都由他起草。他在担任嘉善、海盐、乐清等县知县和衢州知府期间，查勘瞒报田地，清除官府积弊，修建学宫，兴修桥梁，政绩卓著。陈悦旦能写一手好字，书法宗文徵明之体，著有《乐在堂文集》。

史位三（1752—1817） 字仍选，号艮斋，淳溪史家村人。其生平事迹《金陵通传》载之甚详。生有异禀，读书过目不忘。年18，始入乡学，从同邑邢瑞文游学。邢瑞文欣赏其文，称赞他将来必成大器。年23，方中乡试副榜贡生。乾隆四十二年（1777），史位三通过乡试考中举人。此后，三次赴京会试皆未中第。曾任仪征知县，为官清正，深得民众爱戴。

后因双亲年迈在堂，史位三遂离职返乡奉养父母，闭户读书在家。闲暇则教授生徒，孜孜不倦。平日对四方之士十分友善，与其交游者有数百人之多，时有"经师""人师"之誉。史位三为文原本经术，穷极精微，著有《湖塂制艺》《湖塂墅课》《五经四书考异》。又编辑《淳溪文献录》，此书发潜阐幽，有裨邑乘。嘉庆元年（1796），史位三被举荐为孝廉方正，然力辞不就。嘉庆二十二年，选授为仪征县教谕，未赴任而殁亡，门人私谥曰"孝洁先生"。

陈淇（1767—1830） 号畸园，淳溪镇人，自幼敏而好学。12岁应童子试，与两老者一同交卷，学官阅卷，有"两老不如一幼"之誉。乾隆五十九年（1794）举人。后三科未中进士，于嘉庆十三年（1808）参加大挑，为一等人选。分发山西省，历署岚县、夏县、五台、宁乡、浮山、崞县、阳城、长子知县，俱有政绩，补授潞城知县。

在陈淇调任凤台县的次年，潞城百姓追思恩德，公举乡绅、耆老不远300里，专程给他送去"甘棠遗爱"匾额，一时传为佳话。在任三年，山西巡抚福绵评价其"循良敦谨"，道光皇帝朱笔"候朕简用"。是年，又兼署壶关知县。又三年，陈淇欲称病回乡，未蒙批准。陈淇非常俭省，经常自勉："俭者，廉之本。"他在外为官19年，才将家眷接到县署。不久，陈淇拴甘肃解送协饷，办完差事回省，因积劳成疾在晋省公馆去世。

陈淇平生著述大部分在太平天国战争期间被毁，遗留诗稿两本，存诗数百首，誊副后于道光二十三年（1843）请曾任高淳知县的长沙许心源作序。后经战乱，副本遗失，原稿本也折损大半，至光绪七年（1881）始得刊刻行世，名为《镜漪轩诗草》。书共一册，不分卷，集末有其子陈嘉谋、陈嘉德的跋语，略叙流传及刊刻过程。集中存诗120首，有不少反映家乡风物、民生等方面的诗篇，如《卖纱行》："霜气满空月在树，经纪明灯坐当路。鸡声喔喔催卖纱，东邻西舍皆惊寤。卖纱络绎向城来，千人坐待城门开。城中欢宴犹未毕，繁弦急管何凄哀？"其文笔处处同情贫苦百姓、鄙视富贵阶层，流露出强烈的批判现实的民本思想，如《七夕饯别省试诸友》等。

赵士林（？—1645） 字以卿，淳溪河城人。为人慷慨，崇尚节义，崇祯年间诸生。崇祯末年，清兵入关，江山转眼将易，赵士林常怀枕戈报国之志，曾欲求见史可法，以献用兵谋略。当时扬州城已失守，遂回金陵，亦不得入，复归乡里。清顺治二年（1645），清兵占领高淳后，赵士林裹书为甲，前往参战，并作《悲歌》云："烟尘澒洞兮国无人，志士洒血兮湛其身，儒冠不误兮从先民。"最后从容就义。后来，邢昉以诗吊之曰："颈血鲜鲜百日中，握拳透爪气如虹。平生陋巷谁知者？死后方同颜鲁公。"

赵庄（生卒年不详） 淳溪镇河城人。赵庄出生于商贾世家，父亲为清咸同年间淳溪镇小商。赵庄自幼受家庭影响，不求仕进，只是闭门苦心钻研商业经营，爱和商界人士打交道。赵庄利用父亲的旧店面，开设杂货铺一爿，取名"贡和商店"。后易名"东阳"，寓意日出东方，彤照东街。

赵庄经营有道，店员、伙计都是经严格考察后高薪招聘，量才使用，赏罚分明。为了扩大营业，增添经营项目，店面从王家巷东侧向东一直扩展到老街小巷。至今高淳老街东侧仍保存着赵氏店房，店房分前后数进，前为店堂，中间是酱业作坊、货物加工场、囤货库房，后为住房，占地约4000平方米。

清末民初，赵庄富甲一方，为高淳商界之首。据"东阳"的总管家回忆，抗战前的10年，

图47 东阳南北杂货店内门楼

东阳商店的生意仍很兴旺，其资金亦为县商界众富之一，在东阳商店接待贵宾的宴席上，已有吸汤汁用的"金摇车"餐具。（图47）

邢祥凤（生卒年不详） 字子仪，号五楼，淳溪薛城人。据《民国高淳县志》记载，其"素性慈和，善丹青，工书法"。名士孔绍云则称，"祥凤尤工书法，董、赵、欧、颜无体不备，亦妙丹青，精绘事，颇得乃父笔意，然为书法所掩，人多不知其善画"。

他年幼就喜爱绘画书法，写有一手好字。成年后，他辞别父母，身背行囊，游历名山大川，四处求书法技艺。他听说灵隐寺有一位老方丈，写得一手好字，在书坛很有名气，就登门求教，得老方丈倾心传授书法感悟，指晓书法真谛。邢祥凤受益匪浅，深感艺无止境，回家后更加刻苦练习，书艺大有长进。后来，他参加江宁府（辖七县）考试，由于书法工楷秀丽，功力独厚，甚得主考官赏识，曾亲笔嘉批"字冠七县"四字，从此名声大噪。

邢匡廷（生卒年不详） 字邦华，号石湖，又号笠仙，太学生。淳溪镇薛城人。清道光年间，他以民间流传的古代二十四孝子故事为题材，采用工笔重彩画法，完成了规模巨大、内容丰富的《二十四孝图》，翰林朱缉甫为之题词。画册人物众多，画面精美、每幅画后附诗一首、文一段，提要人物故事，评述画面内容。文字由其次子，书法家邢祥凤所书。

邢佑征（生卒年不详） 名必庆，淳溪镇薛城人。据《民国高淳县志》载，其"家赀雄一邑"，为人生活简朴，毫不张扬，但对族人慷慨好施。据《薛城邢氏宗谱》所录《义田碑记》记载，清康熙四十七、四十八年间，高淳灾害频繁，死亡者十之二三，邢佑征倾庾倒困，以救助族人。康熙五十年（1711）冬，他召集族众，宣布一次性捐赠良田500亩。族人对此甚为感激，对他敬重有加，誉之为"邢氏第一人"。

陈万善（生卒年不详） 字可一，号备我，淳溪镇人。（图48）明万历二十五年（1597）中举，三十八年登进士，初授金华令。在金华任职三年，政绩卓著。四十三年转任库部郎。

图48 陈万善像

明初，各地兴起同乡或同业间组成的会馆。到了明嘉靖、万历时期趋于兴盛。据民国《高淳县志》载："陈万善，……转库部郎。淳故无会馆。万善居京师，为置馆，俾乡人至如归。"在京任职的陈万善心系家乡，置田创建了高淳会馆，以方便侨寓京师的游子仕商，众邑人至馆如归，被传为美谈。万历四十七年，陈万善出差南京而归隐乡里。

天启三年（1623），朝廷以驾部郎一职召陈万善赴任。当时，魏忠贤势力如日中天，朝中大臣多出自其门。陈万善不愿同流合污，他说："不附逆珰（指魏忠贤），不能安身；附逆珰，且不能安子孙。"遂不应其召。其后，他又多次推辞有关荐请。隐居在家期间，陈万善拒见达官显宦，而以成就后学为念。著《理学禅说》诸书行世，又作《圣宗直指》藏于家，后无病而终，享祀于婺州名宦祠。

吴运镇（生卒年不详） 字定，号半园，淳溪镇甘村人。他读书勤奋，学识高雅，但不求仕进，修德身体力行，每遇纠纷，以理感化他人。他崇尚"孝亲为本，敬宗睦族"，被选为"家督"。接任后，他以宗族荣誉为己任，不辞寒暑劳苦，建修祠宇，添置祀田，创办义仓，修谱祭祖，驱心操持，受到本族信赖。

年十七，其父卒，他服丧如礼。事母邢氏至孝，母病床三年，运镇服侍母旁，亲尝汤药，废寝食，无怨言。母病卒，运镇哀毁执礼，以父笃孝为楷模，庐居墓上三年才归。时有群鸟翔集墓旁，每当运镇哀泣，群鸟亦以哀鸣相应，人皆以为是其孝心感动。清乾隆五年（1740），吴运镇事迹亦为朝廷旌表，并载入《大清一统志》卷五十三，以此垂范天下，教育后人。

夏复荣（1910—？） 淳溪镇薛城长芦人，生于清宣统二年（1910）。相传18岁时，他在打鼓匠人姜庭庆那里学唱目连戏，后经安徽当涂目连戏艺人周振宽劝励，随金宝圩一位"爬杆"师傅学习武功技艺。那时，宜兴、溧阳、溧水、当涂、宣城等地每演目连戏，都必邀请夏复荣前去爬杆子。此后，他专门练习爬杆子，成为高淳一带目连戏演出中的一绝。

杨斌（1874—1943） 淳溪镇人。晚清秀才、拔贡。民国3年起，杨斌曾任崇教市行政局长，后又出任七乡董事长（一般由最具名望的乡绅担任）。他热心公益，曾创办养老院。他还是高淳名医，尤其擅长内科、妇科。抗战期间，他一度隐居乡里，以行医谋生，晚年著有《妇科心得》两册、《临诊医案》四册。

清末民初，随着女权运动的出现，中国各地开始兴起创办女子学堂的热潮。高淳虽然偏僻，也逐渐受到这一风气的影响。民国8年，杨斌在淳溪镇通贤街育婴堂创办县立淑华女子小学，并亲任校长。这是高淳历史上唯一一所女子学校，开创了高淳现代女子教育的先河。

吴寿宽（1853—1926） 又名吴宽，字敬敷，淳溪镇人。自幼聪明好学，历任徐州府教授、铜山县训导、东台县训导。清光绪三十二年（1906），吴宽被派到日本宏文书院深造，回国后任府视学，兼高淳县学务总董。不久，又担任崇教市总董，兼县立高等小学校长。

在任时，吴宽积极推行新的教育体制和教育方法，大胆革新，高淳学校教育为之一新。他创办劝学所，宣传上学读书的好处，劝家长送孩子上学，还免费让穷人的孩子进校读书。他一直关心、支持全县公益事业，曾倡议在小甘村创建文昌阁，后又在文昌阁的基础上兴筑文星塔。地方每有修建桥梁之事，他都带头捐款，亲自主持规划，组织实施。据统计，由他募捐修建的大小桥梁有十多座。

吴宽饱读诗书，深受儒家思想影响，待人处事皆以伦理纲常为准则，堪称一代名儒。晚年主持编修《高淳县志》，自己担任总纂，还编成一本《高淳乡土志》，以对青少年进行乡土教育。有《望云轩文集》稿存世。民国15年冬，吴寿宽因病逝世。

赵愚山（1890—1954） 又名不敏，号守铮，祖居淳溪镇河城村。民国初，赵愚山奔赴广州参加革命，在孙中山大元帅府担任文书。齐燮元、孙传芳割据江苏期间，他多次秘密返乡，动员家乡青年去广州参军。大革命时期，国共合作，赵愚山随国民革命军东路军誓师北伐，因作战有功，受到东路军总指挥何应钦嘉奖。后来国共分裂，赵愚山解甲归田。

回乡后,他一直在县救生局和救济院工作,从事地方慈善事业。民国20年,高淳遭遇大水,西部圩区一片汪洋,10多万灾民无家可归。赵愚山四处奔走,只身赶到省城,向当时主持江苏赈务的钱静人面陈高淳灾情,恳求及时给予救济。钱静人见他声泪俱下,言辞恳切,深深为之感动,立即派员调查。灾情很快上呈,随即下拨高淳上等面粉20万袋,现款10多万元,无数灾民获救。次年春,他又申请拨来一批钱粮,采取以工代赈的办法,发动群众修筑圩堤,使永丰、大荠、南荡等数十座圩堤及时得到修复加固。

抗战爆发后,他隐居农村。新四军一支队进入高淳之后,他积极拥护共产党的抗日主张,暗中支持新四军的工作。民国35年12月,县政府成立善后救济协会,赵愚山任主任委员。1949年后,他以民主人士的身份积极协助人民政府开展工作。1949年12月,县水利委员会成立,他被推选为副主任委员。次年1月,又被任命为县圩务督导团副团长。1952年,当选县人民监察委员会副主任。1953年,任江苏省人民政府参事。1954年,他因病去世,终年64岁。1988年版《高淳县志》为其立传。

颜庆英(生卒年不详) 淳溪镇王村人。据《民国高淳县志》记载,颜志荣,事父母以孝闻。其母卒后,他在墓地筑庐自住。守丧三年期满后,他仍然不肯回家,直到教谕王轶群、训导郭宫桂亲自为他拆毁了草庐方罢。其子颜庆英亦敦谨能孝,其母卒后亦筑庐守孝于墓侧。

今高淳博物馆存有一方与颜氏相关的孝子匾,该匾为红色绸缎料,长1.97米,宽0.87米,居中横书"至性过人"四字,右上角书"大总统题褒"五字,左

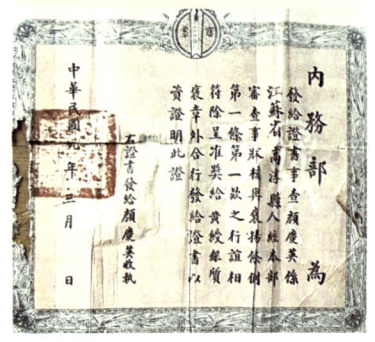
图49 大总统题褒

上角直书"颜庆英"三字,左侧落款"中华民国九年三月"。从颁发时间看,此匾应是由当时的大总统徐世昌题写,系内务部为表彰淳溪镇王村孝子颜庆英而制作。(图49)

施文熙(1843—1936) 号斗南,淳溪镇人。少有文名,21岁选拔为贡生。历任直隶州州判、云南总督府文案。民国初年,任云南都督府总参事、广东巡按使及博罗、揭阳两县知事。施文熙擅于诗文,著有《巢园诗存》。

民国3年7月—民国4年4月,在担任揭阳知事期间,他勤政爱民,兴学除弊。到任不久,就把榕江

小学改办为榕江中学,成为当时潮汕中心学府之一。民国4年,施文熙卸任返乡里,在淳溪镇崇仁街购置一处房产,栽花种竹,名"巢园"。因为德高望重,施文熙当选为江苏省参议院议员。民国5年,他上呈《筹修高淳水患案》,提案虽然简短,但内容相当丰富,详细说明了高淳自明代修筑东坝以来遭受洪水侵害的情形,特别强调高淳"牺牲一县,保了下江",建议江苏省疏浚、拓宽胭脂河,引固城湖、石臼湖水,经胭脂河直灌金陵,以解决高淳水患。施文熙于民国35年病逝,享年83岁。

超轮(1890—1960) 本姓邢,淳溪镇薛城人。四岁时因为家境贫寒被送入彰教寺出家为僧。少年时代,他就擅长唱诵梵经,20岁开始学习目连戏,先拜目连师傅刘思合为师,后又拜徐瑞聪为师。在徐瑞聪的悉心教导下,超轮对三本目连戏倒背如流,牌子、腔调无不精通,成了地方上数一数二的鼓板师傅。(图50)

图50　高淳"阳腔目连戏"剧照

超轮不仅在目连戏表演上精益求精，而且他根据演出实况，经过长期的抄写改正，为后人留下了一部三本《目连》。这部《目连》又经他的姐夫、前清贡生宋渭川的订正抄录，完成于民国28年。它继承了郑之珍本的基本情节，又具有鲜明的高淳地方特色。其语言通俗易懂，运用了大量的高淳方言土语，是研究高淳方言不可多得的第一手资料。1958年，江苏戏剧学院开办目连班，还邀请超轮任教。超轮于1960年病逝。20世纪80年代以来，随着中国以及世界各地学者对目连戏研究的重视，僧超轮及《超轮本目连》的贡献逐渐广为人知。1994年，我国台湾还专门出版了《超轮本目连》。

赵红嘉（1857—1922） 淳溪镇河城村人。赵红嘉年轻时去安徽和州学习木工技艺，技艺精湛，人呼"和州师傅"，又因出色地承建县救生局"红船"（救生船），民众称他"红船师傅"，他与高淳另一巧匠李先春齐名。

赵红嘉精于雕刻技艺，无论是飞檐翘角还是拦板抱柱，所有雕刻无不线条流畅、神情逼真，他享有"三分凿子走天涯"的美誉。民国初年，固城名匠李先春承建东坝东岳庙戏楼和沧溪三元观，特邀赵红嘉协建。今东坝东岳庙戏楼"贴角撑"下的雕刻艺术品和沧溪三元观戏楼的木雕花篮均出于赵红嘉之手。

赵瑞连（1919—1975） 淳溪镇河城人，著名京剧丑角。赵瑞连18岁进入"春福班",拜张松柏为师,学习京剧丑行。他天资聪悟,幽默风趣,经过勤学苦练,唱念做打的功夫达到了炉火纯青的地步,成为高淳早年京剧界第一丑行名角,备受观众喜爱。

在塑造人物形象上,赵瑞连善于把握人物的个性特征,他丑得可爱,演得逼真。他演《审头刺汤》中的汤老爷,把阿谀逢迎、卑躬屈膝的奴才相刻画得惟妙惟肖,入木三分,使观众不由憎恶汤老爷。他扮演《九锡宫》中的程咬金、《玉堂春》中的崇公道,诙谐幽默,妙趣横生,观众不时报以热烈的掌声。剧团里缺什么角色,他也能替代,演什么像什么,可谓京剧全才。1949年以后,他担任导演并长期在宣城、镇江一带为农村业余剧团传授表演艺术,把一生献给了戏剧事业。1975年,赵瑞连病逝,享年56岁。1988年出版的《高淳县志》将他列为高淳县文化界名人。

第二节 侨寓名人

李白(701—762) 字太白,号青莲居士,有"诗仙"之称,是我国最伟大的浪漫主义诗人,存世诗文千余篇,有《李太白集》传世。

唐天宝十二年(753),因不愿"摧眉折腰事权贵",辞官离开长安的李白对江南山水分外眷恋，寓居安徽当涂三年，多次泛舟于高淳、溧水、溧阳一带，美丽的山河胜景令李白陶醉，也滋润了诗人的笔墨。初秋，诗人泛舟来到丹阳湖，极目远眺，湖上云气缭绕，时而风波浩荡，时而碧波万顷。只见天际间点点商船若隐若现，白帆片片；近观荷叶田田，清晨小龟爬到荷叶上，吸食朝露；傍晚水鸟飞到芦荡里，歇宿过夜；平常时日，少女荡着轻舟，唱着动听悦耳的渔歌，在湖上或采莲或下网，天地间一派无限生机。此情此景，让诗人豁然开释，豪情迸发，作《游丹阳湖》诗："湖与元气连，风波浩难止。天外贾客归，云间片帆起。龟游莲叶上，鸟宿芦花里。少女棹轻舟，歌声逐流水。"诗句描绘了丹阳湖风光的清新壮丽和渔乡居民恬静的生活。

白居易（772—846） 字乐天，下邽人，是与李白、杜甫齐名的唐代伟大的现实主义诗人。历任校书郎、翰林学士等职，官至刑部尚书。他的诗歌题材广泛，形式多样，语言通俗易懂。今尚存诗3000余首，有《白氏长庆集》传世。

贞元十五年（799），为获得州级贡生资格，进而参加进士考试，白居易南下投奔时任溧水（唐宋时高淳属溧水县）县令的叔父白季康。白季康热情接待，并送他赴宣州拜访宣歙观察使崔衍。崔衍对白居易的才华十分赏识，是年秋即安排白居易参加了乡试，并选拔他为宣州的贡生，到京师应试。次年二月,白居易到长安应省试,得中进士第四名。

白居易的江南溧水之行开启了他的仕宦生涯,成为其人生道路的重要转折点。他在中进士第后,曾写有热情洋溢的《叙德书情四十韵,上宣歙崔中丞》,诗云"身忝乡人荐,名因国士推。提携增善价,拂拭长妍姿",提及其叔父对他的提携。白季康去世后,被高淳、溧水两县奉为城隍神。白居易为其叔父撰写志文,在志文中,他这样赞美自己的叔父:"繄我叔父,溧水府君,治本于家事,施政于县民。"

贯休(832—912) 字德隐,一字德远,俗姓姜氏,唐代末年名僧,与齐己、皎然皆以诗闻名,并称为"唐三高僧",或誉为"僧中之一豪"。他能诗善书,又擅绘画,尤其是所画罗汉更是状貌古野,超群绝俗,在中国绘画史上享有很高的声誉,著有《禅月集》30卷。

据高淳旧县志辑录的南唐张宏所撰龙城寺(即今保圣寺)碑记载,龙城寺为唐名僧贯休创建。据载,贯休唐末时长期云游江南,所驻佛寺甚多,期间应留足高淳创建龙城寺。清谷再吉作《保圣寺》,诗云:"低回遗迹说龙城,古刹凄凉暮霭横。柏老苍皮经雨润,塔高金铎借风鸣。相迎僧貌多疏朴,莫问人寰几战争。犹有南唐碑字在,摩挲识得贯休名。"

范成大（1126—1193） 字致能，号石湖居士，平江吴县（今苏州）人。宋绍兴二十四年（1154）中进士第。淳熙五年（1178）拜参知政事，后被劾罢，因病退居高淳石臼湖。范成大有文名，工于诗，是南宋"中兴四大诗人"之一，有《石湖集》《桂海虞衡集》《吴船录》《吴郡志》等著作传世。

高淳旧县志在流寓卷中录有范成大之名。据载，约在绍兴十五年至二十五年之间的十年中，他曾多次路过高淳，甚至一度寓居于静行寺。期间留有十多首与高淳有关的诗篇，其中《高淳道中》诗首次提到"高淳"："路入高淳麦更深，草泥沾润马骎骎。雨归陇首云凝黛，日漏山腰石渗金。老柳不春花自蔓，古祠无壁树空阴。一箪定属前村店，潋潋炊烟起竹林。"

吴敬梓（1701—1754） 清乾隆三年（1738）二月，著名小说家吴敬梓邀友人一同舟发通济河，离宁南下，作赏春访友之游。他们上溯秦淮，游江宁秣陵关和溧水，最后抵达高淳。

吴敬梓此次南游，主要目的之一是寻访淳溪诗人邢昉的遗迹高风。他的族祖吴晟的岳丈李敬非常推崇邢昉，曾与王士祯论诗，称邢为当时布衣诗人第一。吴敬梓熟稔前辈的交游佳话，对同样怀才不遇的邢昉极为仰慕，专程到淳溪石臼湖旁凭吊邢昉墓，并作《石臼湖吊邢孟贞》诗："石臼湖中春水平，石臼湖边春草生。团蒲为屋交枝格，棘庭蓬溜幽人宅。幽人半世狎樵渔，身没名湮强著书。海内宗工王司寇，丁宁贤令式其庐。式庐姝子何以告，惆怅姓名为鬼录。检点遗书付梨枣，顿使斯文熏金玉。前辈风流难再闻，祇今湖水年年绿。"

陈毅（1901—1972） 名世俊，字仲弘，四川乐至人，中国共产党党员。久经考验的无产阶级革命家、政治家、军事家、外交家、诗人。1938年6月1日，陈毅同志率领新四军第一支队，东进抗日。队伍从安徽南陵出发，于6月3日深夜抵达高淳，司令部设在吴家祠堂。

陈毅到达高淳后，积极拜访当地上层人物和社会名流，广交朋友，深入群众，宣传抗日主张。驻淳期间，他激情满怀，提笔疾书，写下了《东征初抵高淳》的光辉诗篇："波光荡漾水纹平，河汊沟渠纵复横。扁舟容与人如画，抗战军中味太平。堤柳低垂晚照斜，农家夜饭话桑麻。兵船初过群疑寇，及见亲人笑语哗。江东风物未曾谙，梦寐吴天万载前。此日一帆凭顾盼，重山复水是江南。芦苇丛中任我行，星星渔火水中明。步哨呼觉征人起，欣然夜半到高淳。"这首诗词语言流畅，声情并茂，通俗易懂，引人入胜，既饱含深情地描述了高淳美丽迷人的自然景色和高淳人民善良淳朴的本色，又充分表达了诗人面对强敌临危不惧、慷慨从容的大将风度。

第四章
吴风楚韵的乡土文化

　　高淳古时地处"吴头楚尾",悠久的历史孕育了内容丰富、多姿多彩的民间艺术和民风民俗。由于历史上受新的经济文化和社会模式的冲击相对较小,高淳的自然环境、社会结构、经济状况和精神生活仍处于比较完整的乡村文化生态中,保持着十分难得、生机勃勃的独立文化体,为人类学、社会学、语言学、文化学、民俗学等方面的科学研究

图51　江苏高淳村俗文化生态保护实验区授牌

提供了十分珍贵的信息资料。而淳溪镇长期的经济繁荣使得诸多地方艺术形式和民间文化习俗得以滋生、壮大。2013年，高淳被省文化厅命名为江苏省村俗文化生态保护区。（图51）

第一节　民俗风情

春节

春节俗称过年，从农历正月初一至初三，共三天。节日虽只有三天，但节日的活动则要延续很长时间。民间有"三天大年四天小年"的说法。淳溪人对过年很重视。每年农历腊月初八吃过"腊八粥"，就开始张罗过年的事。首先是办年货，腌鸡、腌鱼、腌猪头。其次是炒炒米、做稀糖。即炒米糖、花生糖、黄豆糖、芝麻糖等，还可以用炒好的糁米加稀糖做成"欢团"，沾一点青红丝，图个吉利。

除夕这天，大人小孩换新衣，戴新帽，家家在门上贴上春联。年三十傍晚，家家户户吃"分岁酒"，也叫年夜饭。到了零点，就开始放炮仗、焰火，热热闹闹迎来新的一年。

正月初一，新年伊始，清早起来第一件事就是"放开门炮"。户主一边讲吉利话，一边打开大门放炮仗。吃过早饭，带上礼包先去拜外公、外婆、舅父、舅母的年。民间有"三代不脱舅家门"的说法，以舅家为大。初二，女婿拜丈人丈母的年。初三、初四，去姑、姨诸亲家里拜年。拜年一般要拜到正月十五元宵节，但不能太迟，迟了长辈会不高兴。有句俗话说："拜年拜到十七八，有鸡有鸭都不杀。"

1949年以前，春节期间，群众文娱活动丰富多彩。从正月初一到十五元宵节，连续半个月，锣鼓声、鞭炮声，终日不绝于耳。其中除了跳狮子灯、跳马灯、盘龙灯等传统大型节目，还有不少本地独有的节目。其中，"送春"更是在高淳最流行的一种曲艺，有丰富的剧目，有好几门曲调。这种曲艺有浓郁的民歌风味，很受当地群众欢迎。

送春

高淳送春又名"颂春""唱春"，是江苏南京的地方曲艺曲种之一。高淳送春是一种季节性的传统民俗艺术活动。每年春节前后，送春艺人手持春锣春鼓走乡串户，唱故事、颂吉语、为人祈福，以示一年吉兆。由于其活动于立春前后，又有把"春"（福祉）送到千家万户之意，故称"送春"。

据传，高淳"送春"始于明代洪武年间的"打春"，"打春"时的鸣锣跳唱与高淳"送春"时的"一人敲锣，一人击鼓"的形式基本一致。明太祖朱元璋在田野中看见这种活动，乃命翰林院编撰歌词，让城里逐渐流行起来。其后，江宁、上元两县经批准也可举办，称之"村田乐"。在高淳送春艺人所唱的春词中，有一段类似自报家门的唱词："送春之人本姓陈，家住南京水西门，随母带到溧阳去，十三岁送遍溧阳城。"也说明"送春"确实源于南京，后由溧阳传入高淳，并与高淳方言相结合，逐步形成自己的风格，成为今日的高淳送春。

高淳送春的表演形式有单档和双档两种：前者用春锣自敲自唱，后者则一人持春锣走在前面，担任领唱，另一人敲小扁鼓跟在后面，担任帮腔和唱。又有"门春"和"座堂（或称坐堂）"之分。"门春"即送春艺人串村走乡，沿门演唱，走到哪里，唱到哪里。按照当地习俗，对上门送春的艺人，主人须给糕团或钱币。"门春"演唱的曲目以"见之歌"为主，即送春艺人看见什么就唱什么。如见主人在喝茶，就唱茶叶。从茶叶的来历、产地，直唱到全国的各种名茶。如主人向送春艺人敬烟，就必须唱烟，直唱到林则徐虎门焚烧鸦片烟。"见之歌"没有文字唱本，全凭艺人即兴编造，长期积累。除"见之歌"外，还有一些短小曲目，如《孝子歌》《十二月长工》《十二把穿金扇》《怕妻》《懒王》《开东坝》《救圩民夫闹圩局》等；如被主人请进堂屋演唱，则谓之"座堂"。演出时，屋内摆一桌子，艺人坐在中间演唱，听者围坐四周。"座堂"的曲目都为长篇故事，有情节、有

图52 高淳送春

人物,如《风筝记》《乌金记》《兰丝带》《女探花》等,有说有唱,类似说书,每个曲目可唱两三个小时。(图52)

元宵节

正月十五是元宵节,俗称"过小年",又叫"过月半"。在元宵节前两天,家家就忙着磨糯米粉做团子、蒸"茧子"。做团子、"茧子",都要用"陷子"(即木模)。团子的"陷子"是将一块圆锥形木头掏空做成。"茧子"的"陷子"是一种用长方形木板雕刻的双格模具,一格为桃形,另一格为菊花形,底部分别刻上菊花和"寿"字。做时,将包好馅的面团放进"陷子"中,压一压,倒出来就成。团子出笼后,用筷子点红。点上一点是糖心,点上两点是菜心。"茧子"则以形状区分糖心和菜心。

正月十五，淳溪一带流行的文娱活动主要有龙灯、马灯、摇旱船、蚌壳舞等。小孩子玩手提的纸灯，有兔子灯、蛤蟆灯、鲤鱼灯、荷花灯等。一到晚上，孩子们在纸灯内点上蜡烛，齐集村头巷口，巷口五光十色，一片欢声笑语。蜡烛点完后，孩子们就提着灯到附近的杂货店去讨要。店家为讨吉利，一般都有求必应，总要赏给一两文。所以元宵节又叫"灯节"。龙灯的种类很多，有抬龙、板龙、康龙、云龙、孝子龙以及以色彩区分的青龙、黄龙、白龙、红龙等。玩的方法有一龙翻舞、二龙戏珠、三龙盘饼等，形式多样。其中最出名、最有特色的是淳溪长芦的抬龙。

据芦溪《杨氏宗谱》记载，长芦抬龙始于南宋初年杨氏一族，杨氏为北宋靖康年间南迁移民。杨氏落户石臼湖畔芦溪村后，族人杨迁一倡议兴办龙灯会，以荣宗耀祖，并募集钱粮。又传说巧匠杨义泰曾在村边水塘看见五龙盘旋，预兆吉祥，故由他构设制作红、黄、青、白、黑五龙盘舞。

长芦龙灯会耗资糜费，一般逢龙年才会举办，清末施文熙《灯节长乐观灯》云："邑西长芦杨姓，巨族也，于春灯节作游龙戏，较他有精彩。越数年一举，靡费特甚。"至清咸丰年间，长芦抬龙减青、黑二龙，保存红、白、黄三龙。黄龙预示丰收，白龙意为风调雨顺，红龙代表阳光普照。当年，长芦杨家抬龙不出长芦地域，只串村不入户。对于演出盛况，《灯节长乐观灯》载："胡髯毕现冻云飞，控作真形刲在耳。岁岁祈禳奉若神，春灯喜采龙时巡，化身三现交衢舞，代鼓鸣金养亦驯。"

如今长芦抬龙有势大、形美、声茂、律严的特色。龙头制作极精，身躯直径1米，身长近50米。计24节，象征24节气。每节龙身由6—8人更替抬舞。三龙或五龙同现，绝不会出动双龙，因宋代杨家将败在"双龙会"，故忌双龙。盘舞及仪仗、吹打乐队等需千人左右，队伍庞大。抬龙出动时，表演队伍浩浩荡荡，铳炮响后，锣鼓齐鸣，喇叭高奏，老汉提笼领首，壮年持红绸珠、执竹片火把，红、白、黄三龙依次缓行。至舞龙场地，随着吹打乐器的音响、节奏变化，黄龙居中"打饼"，龙头由挡叉附举，龙身随龙头盘贴，再逐渐摇摆龙头，扭动龙身，摆动龙尾。同时红、白两龙一左一右快

图53 杨家抬龙

速穿游于黄龙四周。随着内中外三大圈的环游,高抬与低跑的流转,吹打乐的鸣奏,烟花爆竹的鸣放,全场表演达到最高潮。该项目已被列入省级非物质文化遗产代表作名录。(图53)

端午节

农历五月初五为端午节,亦叫"端阳节"。端午节的来历与纪念屈原有关。高淳古时地处吴头楚尾,屈原投江的故事深入人心,故历来对端午节十分重视。每年五月初五,高淳有划龙船、吃粽子的习俗。

端午节早上一般要吃粽子,中午吃"五黄"(黄鳝、黄瓜、咸鸭蛋、雄黄酒、黄豆)和"十红"(苋菜、虾子、腊肉等)。粽子是时令食品,早几天就用芦叶或竹叶裹好备用。种类上既有红豆粽、火腿粽、乌饭粽等不同风味的粽子,也有菱角粽、小脚粽、斧头粽等不同形状的粽子,家庭主妇会借此一显身手。这一天,女婿要备礼品登门拜望岳父岳母,称之为"张节"。礼品有绿豆糕、鸡蛋糕、软香糕,以及猪肉、鱼、烟、酒等。

每年农历六月初六,淳溪等地在官溪河举行"龙舟竞渡",其中以划"文龙船"最有特色。活动非常壮观,参加的龙舟一般都在百只以上。"龙舟"与一般的农用船在构造上有所区别,船的大、小、宽、长有统一的模式。船型狭长,可乘坐26—28人。圩乡村民在六月初四就把龙舟装饰就绪，做好赛前准备。在船上扎好龙头龙尾，船中仓竖立魁星斗旗杆，上面吊挂红绿布及花饰。赛前一天清晨，龙船先划向东方"朝水"讨好兆头（俗称东方是青龙头），接着就试舟，给邻近村庄及单位送"龙舟"观赏。观赏的一方就在河边高挑挂彩的红绿布和香烟、糖果等奖品，燃放鞭炮，迎接"龙舟"。

图54　龙舟竞赛

到竞赛之日，参赛龙舟纷纷齐集指定河段，自选对手竞渡。比赛有双赛、数条船同赛等形式。开始时轻舟荡漾，司鼓手即兴编词领唱"龙船号子"，划船的接腔应和，且有唢呐伴奏。到比赛开始，双方同时紧锣密鼓，调转船头。在一片呼号声和锣鼓声中，奋力向前，并舟竞发。只见白浪随船头同翻滚，划桨与鼓声齐起落，船在河中起伏急驶,犹如蛟龙出海。先到达终点或船首超越了对方者即是胜方,可接彩受红。竞赛结束后,龙舟并不立即散去,而是在河中慢速划游,各船会推出划手中的能歌者领唱当地民歌,并配以哨、呐等乐器,赛舟会变为赛歌会。船上装饰讲究,邀请民间戏班在船上表演热闹的戏剧,如"白蛇传""大闹天宫"等,或者由民间艺人表演杂耍。(图54)

出菩萨

高淳古属吴头楚尾,"好巫尚鬼"的楚文化对高淳的庙祀文化和人们的思想和社会文化习俗产生过较大的影响。明清之际,在句容茅山道教上清派的影响下,高淳道教兴盛,城隍庙、祠山殿、关王庙等宫观庙宇遍及全境,道教活动十分活跃。(图55)

1949年以前,每年农历四月十八日,淳溪、下坝等地都举行城隍庙会,是高淳民间流行的道教活

图55　宗教色彩浓厚的跳五猖

动之一。淳溪镇西街原建有白公祠,祠内有泥塑的城隍菩萨,还有一尊木雕的城隍菩萨,出菩萨时抬的是木身菩萨。庙会下设的分会特别多,光菩萨身上的穿戴就有盔会、袍会、靴会等,分别由有关行业公会负责。

出菩萨的场面非常隆重庄严。期会之日,往往由经济实力较强的商会会首、店铺老板出资邀请戏班,连续三天唱戏,正日抬神像游行,旗锣华盖,阵势规模盛大。每年几期,皆会吸引四邻八乡的大量群众前来观望,热闹非常。

第二节 地产风物

老棉布鞋

老棉布鞋是淳溪老街著名特产之一。制作布鞋是高淳民间传统工艺,到目前为止,仍有不少中老

图56 老街手工布鞋

年人和少数青年、小孩穿布鞋。布鞋的品种较多，穿者各有所求，如男女老式小圆口鞋、青年方口带鋬鞋、老人大舌头鞋、老人深帮松紧带鞋、老太婆小脚棉鞋等。布鞋具有独特的功用，它实用，舒适且能保健。20世纪90年代，世界钢琴大师查理德先生也曾慕名前来购买高淳布鞋。（图56）

棉织土布

高淳是历史上较典型的男耕女织的地区之一，家庭手工纺织业出现较早，大部分农家置有手工扎棉车、纺纱车。高淳棉布用土法纺织，俗称"老棉布"，每匹长36—42丈，一般为白色，可根据需要染成蓝、黑、红、绿等色。最有特色的绵织土布是印花布，主要有蓝底白印和白底蓝印两种，其色经久不褪。印花布的图案很多，多为"麒麟送子""凤戏牡丹""喜鹊登梅""松鹤延年"等传统纹样，主要用于制作枕头、被面等，深受乡人认同。而外地游客对这些传统工艺制作的老棉布也极为喜爱，每年的销量颇为可观。

固城湖螃蟹

在固城湖良好的生态环境中生长的螃蟹，其形态和肉质在螃蟹家族中尤为与众不同，有四大特征：其一是青背，蟹壳成青泥色，平滑而有光泽；其二是白肚，贴泥的脐腹甲壳，晶莹洁白，无墨色斑点；其三是黄毛，蟹腿的毛长而呈黄色，根根顺滑；其四是金爪，蟹爪金黄，坚实有力。固城湖螃蟹肉质肥嫩、鲜美，营养丰富。据专家测定，每100克固城湖螃蟹蟹肉中含蛋白质14克、铁13毫克、核黄素0.71毫克、维生素A5960国际单位。民国初年，喜爱螃蟹的北京四大名医之一的施今墨把各地出产的蟹分为六个等级，即湖蟹、江蟹、河蟹、溪蟹、沟蟹和海蟹，其中一等就是湖蟹，而固城湖出产的大螃蟹则位列一等一级之首。（图57）

图57　养殖固城湖螃蟹

豆腐干

豆腐干是游客来到淳溪必买的特色产品之一。制作豆腐干需选用上等的黄豆磨浆，经过三次滤渣、压制，最后慢火煮制而成。淳溪老街上的老字号薛记铺子每天深夜两点开始泡黄豆，经过几十道手工工序，到下午五点时新煮的豆腐干才能出锅销

售。老街常见的豆腐干有香干、臭干两种。香干咸淡适宜，甜而不腻，香味纯正；臭干呈淡绿色，名臭而实香，鲜味独特。（图58）

图58 老街豆腐干

破絮窠团子

每年开春后，野外田边会长出一簇簇有圆茎柳叶、叶面长有白色绒毛的野菜，高淳人叫它破絮窠。将采来的破絮窠洗净捣烂，加进糯米粉做成绿色团子，上笼蒸熟便可食用。这种野菜又名绵茵陈，汁稠清香，做成的团子有韧性，耐咀嚼，吃起来满嘴溢香。（图59）

图59 破絮窠团子

荠菜蛋

据说每年三月初三这天，采一束开花的荠菜煮鸡蛋，吃了不头痛。民间还有用荠菜煮鸭蛋来治鼻出血的做法。

乌饭

图60　乌饭

每年农历四月初八，民间有吃乌饭的习俗。传说与纪念孝子目连有关。乌饭做起来很简便，只要将乌饭草切碎捣烂浸入水中，同时将淘净的糯米用纱布包好，也投入水中，浸泡一夜，第二天早上捞起蒸熟即成。乌饭色泽乌黑发亮，入口有一股野草的清香。（图60）

喜粑粑

过去天花病流行，死亡率很高，人人谈天花色变。民国时期，开始于每年春夏之交给少年儿童接种牛痘，预防天花。民间把孩子种牛痘看成是一件大事，要做糯米粑粑给花老太上茶献供，同时送给亲友，作为喜事相告。这种粑粑用熟屑（糯米粉加水调匀后摊上蒸笼蒸熟）做坯，以白糖桂花米作馅，不冷不热时食用最佳。粑粑做成后，用麻果果（一种野麻的果实，圆锥形，圆口直径约1厘米，四周有锯齿形花边）蘸上红色，在雪白的粑粑上戳上一个红印，给人喜气洋洋的感觉。

粽子

粽子是五月端午的应时食品,传说是为纪念屈原而创制。粽子用芦叶(或竹叶)包裹糯米做成,有四角粽、脚粽等多种形状。糯米中可掺进红豆、豌豆、乌饭干,也可用咸肉、枣泥作馅,色、香、味俱佳。粽子以裹得紧、外形美观为上品,民间流传"样样会件件能,四角粽子难倒人"的说法,可见裹粽子还是一门技巧。(图61)

图61　高淳"小脚"粽

包子

每年农历六月初六,麦子刚刚登场,水乡农民就要抓住空闲时间,以划龙船来喜庆丰收。这一天,几乎家家发包子,处处闻面香。参加划龙船的小伙子们一早就揣上几只大包子上船,准备一显身手。包子用老面(发酵的面团)发面,用红糖豆沙、酸菜肉丁、老芹菜等作馅,都是家有所出的"当时鲜"。包子个大、酥松、滴圆,咸淡适宜。起笼后,取筷子蘸上红颜料,在每个白洋洋的包子上戳上一两点红(一点是糖心,两点是菜心),好看又好吃。

菱米糕

夏秋时节,沟汊池塘中菱角飘香。菱角采来后,掰出菱角肉,加进糯米粉和少许糖料,揉成条状,上笼蒸熟,切块,即成香甜酥软的菱米糕。

菱粉

将菱肉剁碎,上磨磨成水浆,用纱布过滤后,倒入锅中煮沸,搅成糊状,冷却后即成菱粉。食用时,切几块放到碗中,加进糖或酱油、麻油、辣椒酱,味道鲜美。

团子

"冬至"这一天,农家用新磨的糯米粉做团子,馈赠亲友。民间有"冬至大似年,吃团子不要

图62 老街米团

钱"的说法。做团子用圆锥形的木模成形。做时将包好馅的面团陷进木模，倒出来便成一个圆圆正正的尖顶团子。蒸熟后点上红，仍以一点或两点来区分甜味咸味。（图62）

米糕

春节前一两天，用糕箱做成米糕互赠亲友，取"人心向高（糕）""步步高升"之意。糕箱一般用厚实的丝绵树或桃木刻模，即在一块约一尺见方的正方形木板上，刻上四方形凹槽，底部刻有多种讨兆的图案，如刻出花鸟虫鱼等，叫作"十样锦"。做出的米糕雪白秀美，简直是艺术品。做糕前先用糖水拌米粉，使米粉粘成细小的颗粒，然后用筛子将颗粒均匀地筛进糕模中。米粒填满糕模后，取刮尺将表面刮平，盖上纱布和底板，再将糕模翻过身来，用刮尺在上面轻敲两下，便脱模成糕。若在米糕中间夹上一小块鲜嫩的猪油和少许白糖，蒸熟后则油光发亮，口味更好。米糕蒸熟，待半干后，再将两块对合成双，称为"双糕"。（图63）

图63 米糕

欢团、炒米糖

欢团和炒米糖都是春节应时食品。欢团传说由诸葛亮创制，与"刘备招亲"的故事有关。欢团的做法是：将炒好的糁米倒进熬稠的麦芽糖中搅匀，捏成一个个大小一致的糖团，放进剖开的毛竹中搓圆。出模后在表面粘上一两条青红丝，十分漂亮。（图64）

炒米糖的做法是：先将糯米用热水淘过发松后，再放进热锅中用砂炒香，做成炒米。炒米和熬稠的麦芽糖拌匀后，倒进木框中压平，先切成条状，再切成片状，便成炒米糖。也有用炒熟的芝麻、黄豆、花生米做的，分别叫"芝麻糖""黄豆糖""花生糖"，风味各异。

图64　欢团

第五章
画意诗情的人文之城

文化和生态是高淳的两张王牌。生态与文化的完美结合,是人与自然和谐相处、建设宜居家园的关键。在名镇保护和开发中,淳溪镇一直注重塑造古城文化,坚持文化和生态资源相结合,遵循"循序渐进"的原则。高淳在历史文化遗迹保护和生态资源开发的基础上,融入现代文化的理念,开发现代文化项目,通过"有机更新"达到"有机次序",将优美的自然景观、生态绿色产品、文化休

图65 高淳桠溪国际慢城俯视

闲娱乐结合起来,突出构建南京人文都市标志区的目标定位,培养具有时代特征的人文精神,打造富有诗意的宜居环境。(图65)

第一节 湖滨生态风光带

湖滨大道景相连

湖滨大道位于固城湖北岸,2006年建成。风光带总长5.2公里,绿地面积42.35公顷。建有固城帆影、杉林彩萍、天光云影、湿林蕨蔚、层林叠翠等景观,充分体现了"亲水显绿"的环境特色。在固城湖、宝塔公园和筑城圩周边,根据水域和水网分布,建有多处生态湿地公园,与湖滨大道和老街浑然一体,形成人与自然和谐生存的生态景观。风光带内建有多处烟波水阁,是文人墨客休闲览胜、养生和隐居的理想环境。沿着开阔的水岸,直行又曲绕,过小桥可至水阁。

沿途景域开合,变化有致,竹林柳烟,屏障掩

图66 湖滨广场航拍

遮，水阁内配有渔庄、农家乐等，展示农家休闲生活原生态。在这里，游客闲暇可以与亲人、朋友倾心交流，体验农家生活趣味，欣赏民俗风情表演，吃到各种风味和品种的淡水鱼，享受独具特色的美味佳肴。（图66）

图67　固城湖大桥

官溪河上浴春风

官溪河和襟湖桥作为一个整体和老街相连，正在积极开发其旅游价值。官溪河沿岸栽植各类花卉树木，与湖滨大道风格一致，沿河老街段的建筑具有明清风格，沿河两岸设步行道路和绿岛广场，固城湖大桥连接圩区和城区，供人们散步和休憩。（图67）

老街管委会等打造的老街东延项目——小河沿民国风情街已建成并招商，在"曼度·老街东"

（图68），游客和市民可以体验集餐饮、酒店、客栈、酒吧、咖啡、文创、精品零售为一体的旅游休闲夜生活。官溪河上增设豪华的人工游船，沿河可以游览固城湖，亦可乘船到固城湖对岸的游子山旅游度假区和花山景区。（图69）

图68　曼度老街

图69　固城湖游艇

第二节　民俗风情展示街

民俗风情展示街以淳溪老街为轴心，对保圣寺塔、老街、吴氏宗祠、非遗博物馆、襟湖桥（聚星阁）等进行整体开发，兴建民俗休闲和旅游项目，扩展老街的延伸线，贯通各个景点，从而将原先老街的单个点线扩展到以老街和湖滨大道为轴线，连通周边景区的旅游圈。在整体的概念设计上，以老街明清风貌为基调，以春东湖—筑城圩—泮池公园为载体，系统地展示原汁原味的民俗演艺、民俗工艺、风味小吃等民俗文化风情，形成集文化休闲、民俗展演为一体的高淳民俗文化展示街区。

美食街

"高淳美食尽在老街"，老街集中建立了以高淳农家土菜、土特产品、地方特色小吃为主的餐饮食品经营一条街。固城湖螃蟹、风味糕点、香干豆腐、银鱼香鹅等高淳特色美食应有尽有，成为往来商贾和游客赞誉的美味和礼品。（图70）

图70　美味的固城湖螃蟹

美食街上的内部装修、服务人员服饰、店铺的幌子、餐饮用具等保持老街明清风格或者民俗特色，甚至店铺的吆喝、服务等仍保持民俗原汁原味。美食街还定期举办美食节和美食厨艺大比赛活动，让民众和游客参与进来。游客如果有兴趣，也可以露一手，还有机会获赠"老街美食家"等头衔或礼品。

农产品和工艺一条街

目前老街上有多达三十几家的古玩商店和民俗工艺品销售门店，特色产品十分丰富，有大众布鞋、羽毛贡扇、珍珠饰品、高淳瓷器等，吸引众多游客驻足购买。老街现建有淘宝特色中国·南京馆，是南京地区特色商品的O2O展销平台，主攻生态农产品，为网商、供应商、地方政府网络用户等

图71　陶艺展示

服务。平台汇集了南京地区优质特色农产品资源，全面展示了南京无公害、绿色、有机和地理标志等"三品一标"优质有机农产品。未来老街还将建设立足高淳、涵盖江苏、辐射全国的民俗工艺品一条街，将民俗工艺销售与文化旅游有机地结合起来，直接面对民俗工艺品的主要消费人群，不但为高淳的民俗工艺生产经营者提供机会，而且面向全国，成为民俗工艺生产和经营者创业的聚集地。（图71）

民俗表演展示区

高淳拥有相当丰厚的非遗文化资源，未来将对老街片区进行重新定位与规划，经过必要的扩建，打造成一个非遗文化集中展示中心和游客参与活动中心。目前，老街上有一家非遗展览馆，建筑面积1800平方米，是全省首家集中展示地方非遗文化的展馆。展馆由民间传说、

图72 民俗活动展示

农耕文化、传统记忆等九个部分组成，通过浮雕、模型、声光电等现代技术手段，形象生动地展示了高淳的21项非遗项目。节庆时，在景区里常态化设计大马灯、跳五猖、民间戏曲等民俗表演，广受居民和游客喜爱。（图72）下一步，将规划建设一个集中展示高淳非物质文化遗产的场所，作为保护发掘非物质文化遗产以及为节庆节日、本土民俗表演团队提供表演场所的非遗文化展示中心。

第三节　水文化主题游览

固城湖水慢城

固城湖水慢城位于淳溪镇固城湖西侧圩区，迎湖路9号，距离禄口机场40分钟车程，占地面积8000余亩。此处是一个集科普教育、生态观光、水上娱乐、水上运动、休闲度假为一体的度假休闲体验地。（图73）

图73　美丽的固城湖畔

图74　规划中的固城湖水慢城

固城湖水慢城是高淳区传统农业产业向旅游文化产业转型的示范项目,是固城湖旅游度假区的一期项目,为南京首个新型的湖泊型生态游憩度假胜地。固城湖水慢城自2013年开始投入建设,2016年底对外开放。目前建有品种繁多的千亩百合园、充满了浪漫气息的婚庆园、探寻神秘的芦苇荡、细腻柔软的金沙滩、亲子乐享的戏渔谷、水上游览的湿地动物园等景点。(图74)

固城湖沙滩浴场

固城湖沙滩浴场位于淳溪镇固城湖北岸,距离高淳老街仅4公里。固城湖沙滩浴场分为游泳区和沙滩区两部分,其中,游泳区占地5000平方米,分深水区、浅水区和儿童嬉戏区;沙滩区约2万平方米,包括体育休闲观光区、儿童活动区、景观绿化区,另外还配有遮阳篷和冲淋房,配备多名具有国

家资质的救生员及医护人员。固城湖沙滩浴场全年夏天有两个月向市民免费开放,开放日期一般为6月下旬至8月下旬。(图75)

图75 沙滩浴场航拍

保圣寺塔文化园

保圣寺塔文化园位于淳溪镇宝塔公园,公园占地10.8万平方米,是集休闲、活动健身和应急避难等功能于一体的综合性主题公园,由塔园、桃花岛、翠竹园、香樟园和健康活动中心等几部分组成。公园设计合理协调、精巧大气,景色秀美宜人。以保圣寺塔为中心,建有高淳博物馆和高淳图书馆,规划建设配套完善的地下停车场和休闲广场。(图76)

高淳博物馆建筑面积5500平方米,馆藏文物6000余件。基本陈列以"水绿山青,风高民淳"为主题,展示高淳的历史人文生态,有"原始聚落·上古城邑""水工兴利·圩田稼穑""天地人

图76 保圣寺塔公园休闲小道

神·精神世界""流民播迁·族群社居""口传心声·文化语境""地产风物·人文遗珍"六个单元。（图77）

展览内容：一万多年前的动植物化石；距今6300多年的新石器时代"薛城遗址"的生活场景复原；伍子胥开挖世界上最古老人工运河之一，胥河的场景复原；比石头城早建208年的古固城场景复

图77 保圣寺塔公园亭、桥

原和高淳老街的场景复原和3D显示；高淳道教神像画和重要非遗大马灯、跳五猖图像和光影显示；高淳作为江南水乡在历史上的治水壮举和现代两大支柱产业，水运（含造船业）和螃蟹养殖的场景再现；被称为"古汉语活化石"的高淳方言以及高淳民风民俗的展览展示等。展览浓重而凝练地全面集中展示了高淳悠久的历史、独特的文化面貌、多样的人文生态景观，是高淳历史文化和人文生态的精华浓缩。（图78）

图78 博物馆正厅

薛城遗址文化公园

薛城遗址文化公园位于淳溪镇薛城村，石臼湖之滨。公园占地约50亩，分为发掘现场展示区、出土文物陈列馆和万株牡丹园三个区域。薛城遗址于1997年被发掘、考证，距今有6300年的历史，是南京目前发现最早的新石器时代遗址。遗址展示分为上下两

图79 薛城遗址文化公园大门

个文化层,上层为墓葬区,共出土115具骨骸;下层为居址,柱洞、灶穴、灰坑清晰可见。遗址陈列馆厅内展出的5000年前女性原始先祖复原像是邀请中国科学院古脊椎动物与古人类研究所的专家根据遗址M15号骨骸面容科学修复、复原而成。(图79)

万株牡丹园内种植的牡丹品种繁多,花色奇绝,有9大色系,83个品种,花期约为3月底至4月中旬,花开之时,层层叠叠,颇为壮观。

推荐旅游线路:淳溪古镇最适宜寻古赏景的时间为春秋两季,自驾游2日参考路线为:

第1天:从南京出发,经南京禄口机场,宁高新通道,经溧水石湫,跨过石臼湖大桥(或从南京南站乘坐地铁S1号线,经过6站到达翔宇路南站,转乘S9号线,经过5站),到达淳溪镇城区。上午可先到固城湖水慢城游览,体验慢生活,中午从固城湖水慢城出发，开车5分钟的路程，到高淳老街。老街上的美食、土特产足够满足你的味蕾，也可作为礼品送亲好友。晚上可留宿老街附近，徒步曼度老街，环行湖滨大道，享受茶余饭后的悠闲时光。

第2天：上午从老街出发，驱车10分钟可到薛城村参观金陵第一古村落——薛城遗址文化园，感受完淳溪古镇历史的厚重感。再驱车15分钟到保圣寺塔文化园，聆听宋代宝塔的钟声，听取博物馆讲解员对高淳历史人文生态的介绍。逛完塔园，如果时间还早的话，中午可以去逛逛高淳陶瓷，观看艺术家现场的杰作。2014年在北京水立方举行的APEC峰会欢迎晚宴上，那套惊艳世界的国韵黄珐琅彩瓷器"盛世如意"系列餐具，以及北京2017"一带一路"峰会上融入了中国传统文化的"丝路国宴"餐瓷均由高陶独家承制。当然，购买几套精美的、享誉海内外的陶瓷作为室内装饰和高档礼品也是很显品味的。（图80）

图80 "一带一路"丝路国宴陶瓷作品

参考书目

1. ［明］刘启东、贾宗鲁等：《嘉靖高淳县志》，天一阁藏明嘉靖刻本景印，上海，上海古籍书店，1963。
2. ［清］杨福鼎、陈嘉谋等：《光绪高淳县志》，清光绪七年（1881）刊本。
3. ［清］李斯佺、芮城等：《康熙高淳县志》，稀见中国地方志汇刊，北京，中国书店，1992。
4. 《民国高淳县志》，《中国地方志集成·江苏府县志辑（第34册）》，南京，凤凰出版社，1991。
5. 高淳县地方志编纂委员会编纂：《高淳县志》，南京，江苏古籍出版社，1988。
6. ［元］张铉：《至正金陵新志》，南京，南京出版社，1991。
7. 南京市高淳县文化局等编纂：《江南圣地高淳》，中国文联出版社，2008。
8. 中共南京市委办公厅、南京市地方志编纂委员会办公室等编纂:《南京百科全书》,南京,江苏人民出版社,2009。

9. 南京市文化广电新闻出版局(文物局)编:《南京历代碑刻集成》,上海,上海书画出版社,2011。

10. 中国人民政治协商会议南京市高淳区委员会编著:《高淳历史文化大成》,南京,南京出版社,2013。

11. 南京市高淳区民政局、南京市高淳区地方志办公室编纂:《探寻高淳村庄》,北京,中国文史出版社,2016。

后　记

本书是一本通俗读物、休闲读物，它不同于一般的学术著作。我们力图运用通俗易懂、生动活泼的语言，全面介绍淳溪镇的精彩之处，引领读者前往旅游观光。在那里可游、可看、可怀古、可探幽，可选购富有特色的物产，也可领略当地的民俗风情。

此书的编写，得到了江苏省文化厅、江苏省文物局、江苏人民出版社、江苏省文化艺术研究院以及淳溪镇党委、政府的支持和指导；陈小进、梁玉根、马启顺、王新国、王贵桃、濮阳康京、汪士延、田承虎等诸多专家学者们悉心指点；高淳区摄影家协会副秘书长傅志伟提供了大量照片，为本书增色不少；管世俊、陈超然负责本书的统稿工作；书中引用了部分已经出版或发表过的关于当地历史、文化、艺术、科学的专著、志书、文章等相关资料；我们还得到了其他热心宣传精彩江苏、精彩淳溪的相关群体和个人的大力支持，在此表示诚挚的谢意。

由于编者水平所限，加之时间较为紧迫，书中难免会出现疏漏和不足，敬请读者批评指正。

编 者
2018年2月